齋藤 孝

気の利く大人のひと言目

あなたなら
大丈夫!

東洋経済新報社

はじめに　大人の会話は「ひと言目」で決まる

「会話」がうまくいけば仕事も人間関係もうまくいく

会話が続かない、深まらない、うまく気持ちや考えが伝わらない。

そんな悩みを抱えている人はたくさんいます。

特に、学生から社会人になったとき、多くの人がこの問題に直面します。

なぜなら学生時代に仲間うちで使っていた会話術は大人の社会では通用しないからです。自分では、先生や大人の人ときちんと会話をしていたつもりでも、実は、「学生だから」ということで許されていたことも多いのです。

でも、ひとたび社会に出ると、もう誰も大目に見てはくれません。

社会人には、「大人としての会話のスキル」が求められます。

大人の会話ができないと、人間関係がうまくいかずストレスを抱えてしまうことにもなりかねません。人間関係の基本は会話だからです。

いい人だと思っていた人でも、会話がうまくいかないと、その人と一緒にいることがだんだんストレスになってしまいます。逆に、苦手に感じていた人も、うまく会話ができれば「話してみると意外といい人なのかも」と思うようになるものです。

学生時代は、気の合わない人とはつきあわない、ということができましたが、大人になるとそういうわけにはいきません。

好きな人とも嫌いな人とも、気の合う人とも合わない人とも、どんな人とも会話を楽しめるスキルを身につけておくのが大人のたしなみというものです。

そのため、会話をすべきシチュエーションでうまく会話ができないと、社会人としての能力の低さを相手に印象づけることになってしまいます。

相手が上司なら、「こいつ気が利かないな」と思われてしまうでしょうし、相手がお客さまなら、商談が失敗してしまうかも知れません。

「ひと言目」で会話の成否は決まる

ではどうすればいいのでしょう。

会話のスキルは一朝一夕には高くなりません。

とは言え、何も打つ手がないわけでもありません。

わたしが大人としての会話に悩む卒業生に勧めているのは、気の利いた「ひと言目」をいくつかストックしておくという方法です。

会話というのは水の流れのようなものです。

沈黙は、その水の流れをせき止めてしまうのでよくありません。まずは勇気を持って水門を開くことが大切なのですが、このときダメなひと言目を選んでしまうと、会話はうまく流れてくれません。でも、気の利いたひと言で会話を始めることができれば、あとはさほど苦労しなくても、会話はスムーズに流れていきます。

会話がスムーズに流れれば、「この人は気が利いた人だな」とか、「間がもつ人だな」というよい印象が相手に刷り込まれます。

そういう意味では、大人としての会話の成否は、「ひと言目」に何を言うかである程度決まると言っても過言ではないのです。

ひと言目には「リアクションのひと言目」もある

そこで本書では、大人の会話のカギとなる、「使えるひと言目」をご紹介していきます。その中には「自分から会話を始めるときのひと言目」の他に、相手の言葉を受けて発する「リアクションのひと言目」も含まれます。

大人の会話には地雷のような「ひっかけ問題」が潜んでいることがあります。うっかり地雷を踏んでしまわないためには、リアクションのひと言目も大切です。また、ついつい使ってしまいがちだけど、使い方によっては印象を悪くしてしまう「NGなひと言目」についても言及しています。

ときどき「正直なのが一番！」と、何でも真っ正直に答えてしまう人がいますが、大人の会話において正直は必ずしも美徳ではありません。

正直は基本的にはいいことなのですが、それだけでは大人の会話はうまくいきません。大人の会話で大切なのは、相手の心を思いやることです。

相手を傷つけないためには、言葉を選ぶことが必要です。

気の利いたひと言目でまずは水を流し、あとは流れに身を任せつつも、相手を思いやった言葉でリアクションをしていく。

互いに配慮し合いながら、言葉のやりとりを楽しむのが大人の会話です。

難しそうに思うかも知れませんが、それほど心配しなくても大丈夫。「ひと言目」で失敗しなければ、ほとんどの会話がうまくいきます。

会話がうまくいけば、あなたの考えや気持ちが相手に伝わるだけでなく、あなたの印象もよくなります。

どんな相手とでも自分は話を続けられる！


この本が、あなたが自信を持ってそう言える助けになることを願っています。

もくじ

CHAPTER1

「会話がつながる＆深まる」ひと言目

CHAPTER 2

「仕事力がアップする&できる人と思われる」ひと言

CHAPTER 3

「相手を褒める&その気にさせる」ひと言

CHAPTER 4

「伝えにくいことを上手に伝える」ひと言

CHAPTER5

「大人のひと言目」を使いこなす4つの心構え

CHAPTER 1

「会話がつながる＆深まる」ひと言目

CHAPTER 1

つながる＆深まる

「○○と言えば」を使えば、会話は無限につなげられる

話題がなくても心配無用。
話のネタは
相手の発言から拾えます。

話題がなくても会話がつながる便利なひと言目

POINT

これと言って話題がない、でも、何か話さないと間が持たない。そんなときに便利なのが「○○と言えば」という返しのひと言目です。相手の話した言葉を拾って、そこから会話を発展させていくので、話題がズレていっても、大人らしい会話のキャッチボールを楽しむことができます。「○○と言えば」というひと言目を使いこなせば、もう話題に困ることはなくなります。

「○○と言えば」は脳と脳をつなげるひと言

話題が見つからず、なかなか会話が続かない。

もしあなたがそんな悩みを持っているなら、わたしが開発した「芋づる式会話法」をぜひ試してみてください。

これは、相手の発言の中から言葉を拾い、返しのひと言目に「○○と言えば」を使うことで芋づる式に会話を広げていく技術です。

「昨日の楽天イーグルスの試合見ました？　楽天も強いチームになりましたよね」

「見ましたよ、本当に強くなりましたね。そうそう、野球と言えば、そろそろ甲子園の季節ですね。わたしの母校は万年予選敗退ですが、そちらはいかがですか？」

「わたしの所もダメそうです。そう言えば、あなたの母校はどちらですか？」

「○○と言えば……」「○○と言えば……」と、連想ゲームのように、相手の話から話題を拾って、つなげて、ずらして、発展させていく。

これは技術なので、最初はちょっとした練習が必要ですが、仲のいい友達と「しりとり」をするように楽しみながら練習するとすぐにうまくなります。

わたしはこれを学生時代に、仲のいい友人と何年もずっと毎日やって楽しんでいたおかげで、今では無限に会話を続けることができます。

「○○と言えば」のいいところは、相手の発した言葉を使うので、やっているうちに、その場にいる2人の脳みそと脳みそがつながっていくことです。会議やミーティングでこれを行うと、ブレインストーミングのような効果も期待できます。

また、「○○と言えば」は、うまく使えば嫌な会話の切り上げにも使えます。

話題を変えたいけど、相手はまだノリノリで話そうとしている。それが相手の自慢話や他人の悪口だったりすると、一刻も早く話題を変えたくなりますよね。

こんなときこそ「○○と言えば」を使って、拾いつつずらすのです。

たとえば、自分の息子が慶應大学に入ったと自慢する上司に、

「慶應と言えば、福澤諭吉の『学問のすゝめ』ですが……」と言えば、上司は息子の話はしたくても、『学問のすゝめ』の話はおそらくしたくないので、相手の自慢話の火を、話の腰を折らずにうまく消すことができるでしょう。

「○○と言えば」を使えば、会話を発展させるのも終えるのも自由自在ということです。

すべて「あるね！」で場は温まる

全部拾ってもらえるという安心感が、発言数アップのカギ。

場の空気を温めれば会話は成功する

POINT

講演、授業、会議、すべての会話における成功のカギはひとつ、「場の空気」です。場の空気を温めることさえできれば、必ず成果につながります。場の空気を温めるコツは、相手の発言のすべてを「ある！」「それもあるね！」「それもありかもね！」と全力で拾いまくること。取捨選択は、拾った後ですればOK。とにかく拾いまくって、場の空気を温めることを優先しよう。

どんな意見も全力で拾いまくれ

わたしは講演のときによく会場の人に向かって質問をします。

でも、声に出して答える人はほとんどいません。

わたしの質問は、みんなに考えてもらうためにやっているのでそれでもいいのですが、中には「何とかじゃない？」と隣の人にささやく人が必ずいるものです。

当然そのささやきの中には正解者がいるので、それを見つけたらチャンス到来！

指差して「それ、正解です！」と言うのです。

差された人はびっくりしますが、その瞬間、場の空気が一気に和みます。

こうした場の空気の変化は、授業ではさらに如実に表れます。

学生の言葉をすべてひと言目で「ある！」と拾い上げていくと、学生たちの中に「先生は全部拾ってくれるんだ」という安心感が生まれ、発言数がどんどん増え、クラスの空気が温まっていくのが肌で感じられます。

ポイントは、どんな意見も否定したりスルーしないこと。

すべての意見を全力で拾うのです。

的外れな意見が出ても、ひと言目で「君、質問の趣旨わかってる？　そんなことを聞いたんじゃなくてさ」などと否定してはいけません。

特に今の10代、20代の若者はハートが傷つきやすいので、頭ごなしに否定するのはもちろん、流すだけでも傷ついてしまいます。

それに、せっかく発言したのに流されてしまうと、本人だけでなく、周りの人も「流すんだ……」と敏感に感じ取るので、場の空気が重くなってしまいます。

何より重要なのは、場の空気をよくすることです。

たとえ答えが質問からズレていたとしても、そこを責めず、ひと言目は「それもあるかもね」と肯定することが大切です。軌道修正が必要な場合は、その後で「それだったら、これもあるよね」といった感じで、むしろ積極的にその意見を拾って、話を少し広げてから、また本題に戻ればいいのです。

会議の席なら、出た意見は一度全部ホワイトボードに書いてから、後から取捨選択するというのもいい方法です。

中には、一見すると全然関係ないように思えた意見が、役立つアイデアを生むきっかけになることもあるので、どんな意見も見くびってはいけません。

どんな言葉も「確かに」と一度は受け取ろう

「でも」や「そうは言っても」といった接続詞は、相手に不必要な悪印象を与えてしまう危険あり。

反論があっても逆接の接続詞はNG

POINT

「接続詞」は、相手の話と自分の話をつなぐひと言目です。会話を成功させる秘訣は、接続詞の使い方にあると言っても過言ではありません。その基本は、一度きちんと相手の言葉を受け取ること。「でも」といった逆接の接続詞は、相手の言葉を蹴り返す行為に等しいので使わない方が安全です。反論や異論があっても、ひと言目では「確かに」と相手の言葉を一度受け取ることが大事。それだけで会話がぐっとスムーズにつながっていきます。

会話もサッカーも大事なのはパスワーク

実は、会話には、話の内容よりも大事なことがあります。

それは、「会話をつないでいく」こと。コミュニケーションというのは、すべて人間関係をつくるためのものです。そして会話はその基本中の基本です。

では、どうしたら会話でよい人間関係がつくれるのでしょう。

わたしは、会話を3つのステップに分けて組みたてることをオススメしています。

ファーストステップは、「本題に入る前の会話」。

「毎日暑いですねぇ」

「本当に暑くて堪らないですね。何でも熊谷では最高気温の観測記録が出たとか」

「熊谷ですか、確かにあそこは暑いですからねぇ」

こうしたたわいもない会話は、一見ムダなようですが、実は「場を温める」というとても大切な意味を持っています。

このステップは意味のある会話を始める前のウォーミングアップなので、内容はさほど重要ではありません。たわいもない会話をいくつかやりとりして、場が温まってきたら、次のステップ「意味を持つ会話」に進みます。

「暑いと言えば、あついつながりですが、先日の厚い企画書、目を通していただけましたか？」

「ええ、拝見しましたよ。なかなか斬新な企画で面白いと思いました」

「嬉しいですね。どこら辺に興味を持っていただけましたか？」

熱く語り合ったら、最後のステップ３へ。

ここでは会話の中から、「あっ、これをやろう」「こうするといいんじゃないか」といったアイデアが浮かんでくる「クリエイティブな会話」を目指します。

こうした３つのステップすべてに共通するのが、うまく「会話をつないでいく」ことです。会話がつながらないと、人と人もつながりません。自分の発した言葉が次の言葉とつながっていれば、思いや考えも自ずと相手に伝わります。

会話の「つなぎ」は、サッカーで言えば「パス」です。見事なシュートにはそこに至る見事なパスワークがあるように、会話もつなぎを意識して行っていくことで思いや内容がうまく伝わるようになります。その重要な「つなぎ」を担うのが接続詞なのです。

「でも」ではなく「確かに」と受けよう

会話における接続詞は、多くの場合、相手の言葉を受けて自分が話し始めるときのひと言目に登場します。

接続詞には前の発言を素直に受け入れる順接の接続詞と、否定する逆接の接続詞があります。あなたが、その会話でいい人間関係を築きたいと思うなら、逆接の接続詞はできるだけ避けた方がいいでしょう。特に注意してほしいのが「でも」というひと言です。

実は今、「でも」「いや、でも」と言うのが癖になっている人がとても増えているのです。

あるとき、あまりにも「いや、でも」が口癖になっている人がいたので、「人間というのは素直さが大事だから、あまり否定から入るのはよくないよ」と言ったことがあるのです。そのときの返しのひと言も「いや、でも」だったという、まさにコントのような会話になったことがありました。

相手の発言を受けて、「でも」と話し始めるというのは、パスと言うよりも、味方のゴールに向かってシュートを打ち込むオウンゴールのようなものです。

上司の意見に対して、異論とか別のアイデアを主張したいと思ったとき、「でも」と言いたくなることはよくあると思います。そうしたときでも「でも」というひと言を使ってしまうと、相手に思わぬ悪印象を与えることになるので注意が必要です。

会話では、自分が進んで行く方向を相手に示すことが必要なのですが、「でも」というひと言目には、「わたしの考え方はあなたとは違う」というアピールが含まれています。そのため、「でも」という逆接の接続詞を使ってしまうと、反抗の意思表示をしたという意味に取られかねないのです。

実際、「でも」というひと言目をよく使う人の心理にあるのは、自己防衛意識です。人は相手から攻め込まれるのが嫌なときや、相手に支配されたくないときに、「でも」「そうは言っても」「とは言え」といった逆接の接続詞を使うのです。

「でも」が口癖になってしまっている人は、相手の言葉を「でも」と叩き返すのではなく、「確かにね」とか「なるほどね」と、一旦受け取ってみる練習をしてみてください。

つながる&深まる

CHAPTER 1

「なるほど+たとえば」で会話に深みを持たせる

「たとえば」に続く具体例は、自分のことではなく一般的なものにするのがポイント。

会話が盛り上がるひと言目の名コンビ

POINT

返しのひと言目として使い勝手のいい「なるほど」。でも使いすぎると逆効果になることも。会話を盛り上げたいなら、「なるほど」というひと言目に「たとえば」という投げかけの言葉を組み合わせるのがオススメ。こちらから具体的な投げかけをすることで、相手からさらなる言葉を引き出したり、話題を広げていくことができます。「なるほど＋たとえば」は、日常会話はもちろん、ビジネスの場でも応用が利く覚えておきたい返しのひと言目です。

「なるほど」は繰り返すと逆効果

とあるバーで、カウンターに座ったお客さんが、バーテンダーに何やら話をしています。バーテンダーもその話を熱心に聞いているようです。

ところが、バーテンダーの言葉をよくよく聞いてみると、

「なるほど」

「なるほど、そうなんですか」

「なるほど、なるほど」

さっきからずっと「なるほど」としか言っていない。

これでは会話は盛り上がっていきません。

「なるほど」というのは、受けのひと言目としては便利な言葉です。きちんと相手の言葉を受け取っているし、相手の話に感心している感じも出ます。

しかしそればかりがずっと続くとなると、印象が変わってきます。

実際、そのときわたしが受けた印象は、「かわいそうに、あのバーテンダーは、何度も同じような話を聞かされてきたんだろうなぁ」というものでした。

話していたお客さんも次第に口数が少なくなっていきました。

どんな話でも、とりあえず「なるほど」と言っておけば間違いがない。もしかしたら、このバーテンダーは、接客を学ぶときにそう覚えてしまって、「なるほど」が口癖になってしまったのかも知れません。

こうした状態の人をわたしは「なるほど病」と呼んでいます。

「なるほど」は便利なひと言ですが、あまり使いすぎると、深みに欠けた印象を与えてしまうのです。「おっしゃるとおりです」という言い換えもできますが、丁寧すぎて、何度も使うと「なるほど」以上にうっとうしくなります。それに、ただ相手の話を聞いているだけで、自分の意見というものがないような感じもします。

そこで、「なるほど」を上手に使う方法としてオススメしたいのが、「なるほど」に「たとえば」のような投げかけの言葉を組み合わせることです。

「なるほど」と話を受けた後に、「それって、たとえばこういうこともありますかね」と相手にこちらから話を投げかける。これで、場の空気は一気に温まります。

きっとそう聞かれた相手は、「ある、ある、そう言えばね」と話がさらに盛り上がることでしょう。

「たとえば」であえてポイントを絞る

ここで気をつけたいのは、同じ「たとえば」でも、「たとえば自分にもこういうことがありましてね」と、自分に話を持っていくパターンです。

相手が話しているのに、それを自分の話題にすり替えてしまったのでは、せっかくの「たとえば」が生きてきません。

「たとえば」は、具体的なエピソードを出すときに使う言葉ですから、相手の主張を、一般的なものでたとえて、わたしの理解はこれで合っていますか？　と、確認するように使いましょう。

これが上手にできるようになると、仕事の場面でも、ちょっと面倒な上司やお客さんへの対応でも、スムーズに会話できるようになります。

たとえばサイクルショップの店員だとして、お客さんが「よくわかんないんだけど、なんか調子が悪いんだよね」とクレームを言ってきたときでも、「たとえば」をうまく使うと、「たとえばどんなときに変だと感じますか？」とか「たとえばタイヤの感じはどうですか」「サドルはどうでしょうか」、というように、状況や場所を絞って確認するようにすれば、不調のポイントが絞り込みやすくなります。

また、あなたが料理人でお客さんが残したら、「お口に合いませんでしたか？」と言うのに加えて「たとえば塩加減をもう少し減らした方がよかったですか？」と聞いてみるといいでしょう。

そうすると「ああ、今日は汗をかいたから、もう少し塩分が強めの方がよかったかな」とか「いや、そうじゃないんだ、ちょっと接待続きで胃腸の調子が悪くてね」というように、相手の気持ちを引き出すことができます。

つまり、たとえばで具体例を出して、ポイントを狭めることで、むしろ話題としては広げていくことができるのです。

具体的なポイントが絞られると、たとえその答えがイエスでもノーでも、問題点は明確になっていきます。

そのため、クリエイティブな会話が求められるビジネスシーンでこの「たとえば」は、特に威力を発揮します。クライアントの要求が今ひとつはっきりしないとき、問題をクリアにすることができるからです。

「なるほど＋たとえば」は、私生活でも仕事でも使えるひと言です。

「ところで」は自分の話の後で使う

「さて」「では」も同様、相手の話の後で使うと、悪印象を与える危険性大。

使うタイミングを間違えると逆効果に

POINT

話題を転換するときや、話を広げたいときによく使われる「ところで」。便利なひと言目ですが、相手の話の後のひと言目として使ってしまうと悪印象を与える危険性が高いので、大人の会話では使わない方がいいでしょう。これは「さて」「では」も同じ。こうした悪印象を与える危険のあるひと言目を回避するポイントは、本題からスタートすること。時間を浪費しないためにも、不必要な前置きは省きましょう。

その「ところで」は本当に必要？

話を広げたいとき、話題を変えたいとき便利な「ところで」。

でも、使い方を間違えると、相手に悪印象を与える危険性があります。

使ってOKなのは、自分の話が終わった後のひと言目。

相手が話し終わったときには使ってはいけません。相手の話が一区切りついた後に、「ところで」というひと言から話を始めてしまうと、まるでそれまでの相手の話がつまらなかったかのような印象を与えてしまいます。

でも、自分からふった話題がある程度終わった後に、「ところで」というひと言目を使うのはOK。流れもよく、相手も新しい話題を素直に受け入れて会話が広がっていくことでしょう。

会話を広げたいときに使えるひと言目には、他にも「さて」とか、「では」などもあります。

これらは時候の挨拶や、ちょっとした雑談の後で、いよいよ本題に入ろうとするときによく使われるひと言目ですが、少々仰々しい印象を与える言葉でもあるので、普段の会話では、使わないですむのであれば、省いた方がいいとわたしは思っています。

そのためには、極力、前置きを使わない癖をつけること。前置きが癖になっていると、どうしても「さて」と言いたくなるからです。

それに、「さて」や「では」を使う癖がつきすぎると、それにつられて前置きも長くなる傾向があります。

長い前置きは、時と場合によっては打ち首に値するほど罪深いものです。

現代人はみんな忙しいのですから、他人の時間を浪費することは最早罪悪なのです。実際、前置きで散々時間を使っておいて、「さて」と、いよいよここから本題に入ります、というようなことをやられると、「これから本題か、どうせならそこから始めてくれよ」と思ってしまいます。

前置きはできるだけ短く、挨拶を交わしたら、すっと本題に入るのが、大人のスマートな会話というものです。

大きく息を吐く「ほお〜」は人の心を開かせる

リアクションが苦手な人に覚えてほしい、「はひふへほ呼吸法」

覚えやすくて重宝する「は行」のひと言目

POINT

相手がノリノリで話しているとき、ただ頷くだけでは大人の対応とは言えません。相手に気持ちよく話してもらうためには、相づちに適切なひと言目を選びましょう。「は・ひ・ふ・へ・ほ」という「は行」の音は呼吸音に近いので、相づちにピッタリのひと言目。相手の心を開きたいときは「ほお〜」、驚きを伝えたいときは「へえ〜」。共感を示すなら「ふ〜ん」が効果的。慣れると呼吸のように自然と相づちが打てるようになりますよ。

はひふへほ呼吸法

リアクションが苦手な方にオススメなのが、「へえ〜」の三段階活用。

「さっき隣の奥さんに、ちょっと話があるって言われたの」
「へえ〜」
「何かと思ったらさあ、お宅の庭木の落ち葉がうちの庭に落ちてすごく困っているって言うのよ」
「へえ〜っ、そんなこと言われたの」
「だからこっちもね、お宅の庭木の落ち葉を片づけているんだから、そこはお互い様ってことじゃないですか、と言ったのよ、まあソフトにね」
「へえ〜、まあそれはそれでよかったんじゃないの」

ただ「そんなこと言われたの」と言うより、ひと言目に「へえ〜」と言うことで、感情が伝わりやすくなり、リアクションの質がグッと高まります。

まだ内容がよく見えていないときの、「何かしらね」の「へえ〜」から、驚きを含んだ「へぇ〜っ」、そして最後は納得の「へえ〜」。

このように、「へえ〜」は言い方やトーンを変えることで、いろいろなシーンに使える便利なひと言目です。普段から、小さい「へえ〜」から中ぐらいの「へえ〜」、そして大きい「へえ〜」というように三段活用を声に出して練習しておくとうまく使えるようになります。

この三段活用は、「へえ〜」だけでなく、「ふ〜ん」「へえ〜」「ほお〜」など、は行の言葉に広く応用ができます。

「は・ひ・ふ・へ・ほ」という音は、どれも呼吸と結びついているので、自分自身の呼吸法のひとつだと思って、声に出して練習してみてください。

タクシーに乗ると、たまにおしゃべりな運転士さんに当たることがあります。面倒くさいと感じる人もいると思いますが、このはひふへほ呼吸法の練習相手としてはうってつけの相手です。いろいろな話をしてくれるので、「へえ〜」とか「はあ〜」とか、いろいろ試して効果を確かめてみてください。

ちなみに、精神科医として有名な神田橋條治先生は、相手の言葉を引き出したいときは、大きく息を吐く「ほお〜」を使うと効果的だと言っています。

神田橋先生は精神療法の達人と言われている先生で、わたしは若いころにその著書を読んで、この大きく息を吐く「ほお〜」を練習したことがあるのですが、確かにこの「ほお〜」を使うと、普段はあまり話してくれない気難しい人でも、話をしてくれるようになるのです。

さらに面白いことに、この大きく息を吐く「ほお〜」ができるようになると、小さな「ほお〜」でも、同じ効果が得られるようになるのです。なぜそんなことができるのかというと、練習することで「ほお〜」の体になるからです。「ほお〜」の体で聞いていると、小さな「ほお〜」でも話してくれる、ということです。

「ほお〜」というひと言目には、体がほどけていくような柔らかい雰囲気がありま す。でも、女性には、「ほお〜」はちょっと音が雰囲気と合わないので、「ほお〜」の体だけつくって、無音の「ほお〜」を使うといいでしょう。

きちんと言葉にしたいなら、女性の場合はやはり「へえ〜」の方がオススメです。「へえ〜」には、「ほお〜」にはない驚きの雰囲気があります。

「ほお〜」や「はあ〜」が包み込むような柔らかくほどけた体なら、「へえ〜」の体は、ちょっと体がのけぞるような、浮き上がるような、驚きが感じられる体です。表情も「ほお～」より明るくなるので、女性にはピッタリだと思います。

「へえ～」と言われると、嬉しくなって、ついついいろいろしゃべってしまうものです。自分の話に興味を持ってもらえたと思って嬉しくなるのです。

「ふ～ん」は、自分の中の内側にその事柄を入れて、かみしめるような感じ。ちょっと内省的な感じになるので、「ふ～ん、それは大変だったね」と共感を示したいときに使うと効果的です。深くうなずきながらだと、より共感が伝わります。軽いと軽んじた感じになってしまいます。

「へえ～」というひと言目の後に「それは大変だったね」ということもできますが、それはちょっと驚いた感情で、「ふ～ん」だともっと落ちついた印象になります。伝えたい印象によって使い分けるといいでしょう。

一番難しいのは「ひ～」。

これは普通の人には難しい上級者用です。わたしが見た中では、「ひ～」を使いこなしているのは明石家さんまさんぐらいなので、無理して使わない方が安全です。

「つまり」は話がつながらない危険な言葉

「要するに」「簡潔に言うと」も同じ。でもうまく使えば、ダラダラした話を切り上げるのに使えます。

TPOを見極めて「つまり」を使わないと……

POINT

「つまり」や「要するに」は、話と話をつなげる働きを持つ接続詞の中では異色の存在。話を広げたいときには使えませんが、話をキュッとまとめる力を持つので、長い話をまとめたいときや、相手の長い話を切り上げたいときには活躍してくれます。気をつけたいのは、このひと言目を使ったら、長く話さないこと。これは聞き手に短い話を期待させるので、話が長いと悪印象を与えることになるからです。使いどころを間違えないように。

「つまり」はTPOを見極めて使おう

話がうまく続けられるようになったのはいいけれど、今度は止めどきがつかめない。そろそろ話を切り上げたいと思っても、なかなか止めるきっかけがつかめない。延々と続く会話を自分からうまく切り上げることができなくて困っている。という人も多いのではないでしょうか？

特に相手が目上の人だと難しいですよね。そんなときに活用してほしいのが、「つまり」や「要するに」といった話をまとめるひと言です。

「つまり」というひと言は、うまく使うと、そこで話がキュッとまとまります。

そこまでの話をまとめて、「つまりこういうことですね、わかりました。では、そのようにいたします。失礼します」というかたちで話を切り上げることができる、というわけです。

「つまり」には、こうした「着地しちゃった」感があるので、話をまとめて合意を確認したり、話を切り上げたいときにはとても役立つひと言なのですが、着地しちゃった感があるだけに、まだもう少し話を広げていきたいというときに使ってしまうと、場の空気を冷やす危険性があります。

先日も、テレビのバラエティ番組で芸人さんたちがひな壇でいろいろなことを言って盛り上がっているときに、若手芸人がいきなりこの「つまり」を使ってしまい、先輩芸人から「お前が話を終わりにしてどうする」とツッコミを入れられていたことがありました。話を広げてさらに盛り上げるのが仕事なのに、「つまり」でまとめてどうする、ということですね。

「つまり」を使うにはＴＰＯを見極めることが大切です。

ときどき男の人にこの「つまり」が口癖になってしまっている人がいます。そういう人は仕事ができたとしても、女性と話がはずみません。

いろいろなことを延々とおしゃべりしていたいのに、すぐに「つまりそれは、友達とその子の関係が悪化したということだね」というふうに、相手の話をすぐにまとめて終わりにしてしまう。これでは女性は楽しくないので、離れていきます。

「つまり」はひと言目で使っても、行きどまりの言葉です。

どうも女性と会話がはずまないという人は、「つまり」が口癖になっていないか確かめておきましょう。

そのつもりがあってもなくても、「じゃあ、また今度」

会話を切り上げるときの「今度」は、約束じゃなくて慣用句のようなものだと思って気軽に使って大丈夫。

次につながる余韻を残そう

POINT

会話を始めるひと言目はとても大切ですが、会話を締めくくるひと言も、その会話の後味を決めるとても重要なもの。いい印象を残すコツは、ポジティブな言葉で切り上げること。本当に次があるかどうかわからないときでも、「また今度」と余韻を残しましょう。さらに、今日の会話がお互いにとって有益なものだったと思ってもらえるようなポジティブなフレーズで会話を締めくくれたら最高ですね。

会話はポジティブな言葉で切り上げるのが大人の作法

「じゃあ、また今度」

これは、会話を切り上げるときの定番フレーズ。

本当に次があるのかどうかなんて、お互い気にせず、サラリと言って、パッと別れるのが大人の会話というものです。

本当にもう一度会いたいときは、その場で次の日程を決めたり、「じゃ、後で予定をメールするね」と、つけ加えることもできます。

こうした「会話を切り上げるひと言」を、何個がそろえておくと、いろいろな場面で使えるので重宝します。

「じゃ、また今度ぜひ飲みに行きましょう」

「じゃ、今度またゴルフに行きましょう」

こうした「今度一緒に○○しましょう」というのは、大人の会話ではよく使われる社会性が感じられるひと言です。

ポイントは、相手の話を受けとめ、相手を気分よくさせて、すっと切り上げること。この一連の流れを意識しておくと、ちょっと面倒な会話もサラリとかわして切り上げることができるようになります。

たとえば、相手がいろいろ勧めてきて面倒くさいなあと思っても、「へえ〜、そうなんですか」と一度受けてから、「今度試してみますね」と言い、「この本絶対面白いから読んでみて」と言われたら、「ほう、それは面白そうですね。じゃあ今度読んでみますよ」と、言って切り上げる。

でも、実際には、必ずしもやってみなくてもOK。この場合の「〇〇してみます」は、約束というほど重たいものではないからです。大事なのは、その場の会話をポジティブな言葉で明るく切り上げること。

相手はよかれと思って勧めているので、たとえそれが事実だとしても、「そうは言ってもね」とか、「そういうの好きじゃないんだ」と言うようなネガティブなフレーズは、相手を傷つける危険性があるので避けましょう。

「よかったら、ぜひ試してみて」相手が最後にそんなひと言を言えるような、次につながる余韻を持たせたフレーズを意識してみてください。

大人のコラム

⇩リアクションは大阪人をお手本に！

「せっかく大阪に来たので、やらせていただきます。では立ってください」

大阪の大学で授業をしたとき、そう言って、ダダダダダッと教室の端から端までマシンガンを撃つモノマネをしました。

すると、見事に教室中の学生が床に転がってくれたではありませんか！

中にはきれいな服を着た女子学生もいます。

わたしは大阪人のサービス精神に心から感動しました。

リアクションはサービス精神の表れだからです。

手を叩く、「おーっ」と声を上げる、手振り身振りを駆使する、こうした体を使ったリアクションは、実は相手へのサービスなのです。

いいリアクションは場の空気を温める最強ツールです。実際、観客のリアクションがいいと話し手はとても気持ちよく話すことができます。

COLUMN

ですから体を使ったリアクションは、オーバーアクションかな、と思うぐらいでちょうどいいのです。

明石家さんまさんが司会をすると、ゲストが輝いて見えますが、これは、さんまさんのオーバーリアクションの賜です。

『踊る！さんま御殿!!』という番組に出演させてもらったことがありますが、収録でさんまさんは何度も床を転げまわって笑っていました。さんまさんのリアクションが普通の話を面白く、面白い話をより面白く演出してくれているのです。

日本人は空気をすごく大事にするのに、なぜか場の空気を盛り上げる効果が最も高い「体を使ったリアクション」が苦手です。

なぜ日本人はリアクションが下手なのでしょう。

長年この問題について考えた結果、わたしは、原因は「体の冷え」にある、という結論に達しました。

体を使ったリアクションをするには、絶妙なタイミングで反応する力が必要です。

そして、反応をよくするためには、体が温まっていることが必要不可欠です。

体が温まっていると反応がよくなるので、リアクションを取りやすくなります。

そこでわたしの講演や授業では、話を始める前に、軽く体をほぐす準備運動をしてもらったり、声を出してもらったりして、体を温めてもらうことにしています。

それでも、大阪と東京では同じ話をしてもリアクションは全然違うのですから、恐るべきは大阪人のリアクション能力です。

なぜ大阪人のリアクション力がこれほど高いのか、なぜ大阪人はここまでサービス精神が大きいのか。商人の町だったからかもしれません。とりあえず体を温めて、大阪人のリアクションを見習っていきましょう。

ちょっとしたひと言も、リアクションがつくと相手の心に響くひと言に変わります。

CHAPTER 2

「仕事力がアップする&できる人と思われる」ひと言目

仕事力アップ

「これでいいですか?」は「どちらがいいですか?」に言い換える

人というのは、「いいですか?」と聞かれると、本心は違っていても「いいよ」と言ってしまうものなのです。

その「いいよ」は本当に「OK」の意味かな？

POINT

「ちゃんと確認したのに、ここまで来て変えてほしいなんて」。そんなトラブルが起きるのは、確認時に、合意形成ができていなかったからです。合意をきちんと形成するためには、相手に思考する時間を持ってもらうことが必要です。そのためには「これでいいですか？」ではなく、「どちらがいいですか？」というひと言目を使いましょう。選択肢を提供することで、相手に考えるというひと手間が生まれ、それが合意形成につながります。

合意形成なき確認はトラブルのもと

「どこまで自分の裁量で進めていいんだろうか……」

これは、社会人なら誰でも経験したことのある悩みだと思います。

この問いの正解は、「こまめに確認をとる！」です。

ただし、どのような言葉を使って確認をとればいいのか、というのはとても重要な問題です。

「このまま進めてよろしいでしょうか？」

ありがちな確認のひと言目ですが、実はこれではダメです。

人は「これでいいですか」と聞かれると、本当はちょっと、と思っていてもとっさに「いいよ」と答えてしまう傾向があるからです。

その結果、最後の最後になって、「うーん、これじゃダメだ。悪いけどやり直して」と、お互いにとってよくない状態を招いてしまうのです。

ではどのようなひと言目を使えばいいのでしょう。

オススメなのが「AとB、どちらがいいですか？」です。

「どちらがいいですか?」と聞かれると、人はそこで一瞬立ち止まって考えます。

講演会の打ち合わせなら「どちらがいいですか? このまま最後まで説明してしまうのと、途中で1回質疑応答を挟むのと」というように。

選択肢が提供されると、相手は考えた上で「こっちで行きましょう」と答えたり、「それよりこういうのはどうですか?」というように、意見を言うことができます。

「どちらがいいですか?」というひと言目に加え、選択肢を提供することが、相手に「思考の時間」を与え、確実な「合意形成」につながるのです。

合意ができれば、お互い安心して仕事を進めることができます。

トラブルの原因というのは、大体が確認不足によるものです。

「ちゃんと上司に確認したはずなのに、最後になってダメだと言うなんてひどい」

もし、そんな不満を持った経験があるなら、そのときの確認がちゃんと合意を形成できていたかどうか、思い返してみてください。

「これでいいですか」

「ん、ああいいだろう」

そんな決め打ち確認は、トラブルのもとです。

CHAPTER2

仕事力アップ

プレゼンを成功に導く「かいつまんで言いますと」

長々とした説明で聞く人を退屈させないためには、話の大事な部分だけをかいつまむことが大切。そのスイッチを入れてくれるのがこのひと言目です。

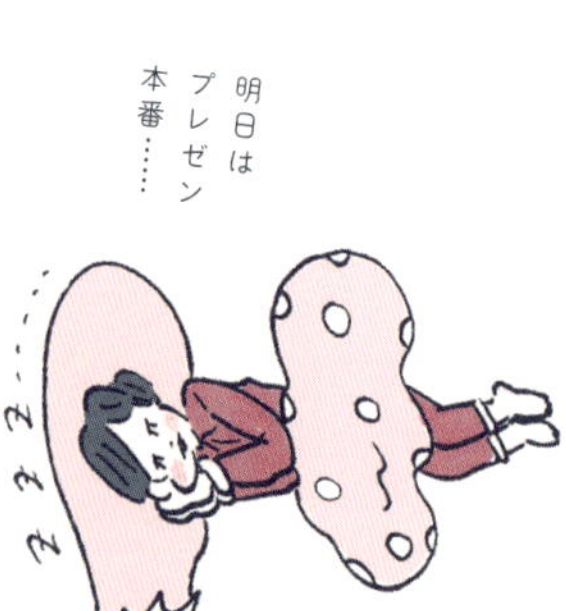

ただ資料を読み上げるだけでは半人前

POINT

プレゼン成功のカギは、授業やコンサートと同じように、その場にいる人の心を動かすことです。人の心を動かすのは、その場にいる人たちだけが味わうことのできる「ライブ感」。どんなにいい企画でも、丁寧につくられた資料でも、それをただ読み上げるだけではライブ感は生まれません。ライブ感は、大事なポイントをかいつまんでアピールすることで生まれます。かいつまむ技を磨けばあなたもプレゼン名人です。

プレゼンはかいつまむとライブ感が生まれる

やたら長いプレゼンって、聞いていて本当にうんざりします。

中でも最悪なのが、手元の資料やプロジェクターで映し出している文章をそのまま読む「読み上げ君」です。

読み上げ君は、単に他人の時間を浪費させるだけでなく、聞く人の魂をも死滅させてしまう罪深い行為だとわたしは思っています。

テレビでも、台本やカンペをそのまま読み上げちゃう人というのがいます。本人は一生懸命やっているのでしょうが、読み上げ君が出てきた瞬間に、視聴者の心は離れてしまいます。過去のものを反復している感じがして、面白くなくなってしまうからです。

これは、どんなに時間をかけて丁寧に準備したものでも同じです。

ですから、わたしの授業では、発表するときに読み上げ君が登場すると、すかさず「とりあえず、かいつまんで言ってね！」と、やんわり指示します。

人間というのは面白いもので、そう言われるとさすがにかいつまむからです。

こうした習性を利用して、プレゼンにライブ感を生み出す方法があります。

それは、最初に自分で「かいつまんで言いますと」と言ってから始めるという手法です。

プレゼンでは、すべてを丁寧に説明するより、大事なところをピックアップして「かいつまんで言う」ことでライブ感が生まれ、結果的に聞く人の興味を引くことができます。

実際、プレゼンの上手な人は、1ページ分の資料を二、三言に圧縮要約して「ということです」と言って次々と話を展開させていきます。圧縮の目安はワンテーマ15秒。この早いスピードがライブ感に一層拍車をかけてくれます。

15秒というと短いと思うかも知れませんが、練習するとかなりのことが言えるようになります。練習すると、どんな説明でも、1分で終わります。

大事なのは「ライブ感」を出すこと。そして、このライブ感を出すのに役立ってくれるのが「かいつまんで言いますと」というひと言目なのです。

「要するに」を使ったら15秒以内に話し終える

「つまり」同様、話をキュッとまとめたいときに役立つひと言。

悪い意味で期待を裏切らないように……

POINT

「要するに」とは、話を要約するという意味なので、長い話を短くまとめて話す前に使うのが鉄則。ひと言目を「要するに」と始めたのに、その後の話を延々とするのはNG。聞き手に「短い話」だと期待させた分、がっかりさせてしまいます。「要するに」と言った後は、できるだけ話は短く、15秒以内に話を終わらせるのが理想です。

「要するに」は使いどころを見極めないと逆効果

長い話の要点を的確に押さえつつ、短くまとめて話す人を見ると、「この人は仕事がデキるなあ」と思います。

そういう人がひと言目によく使うのが「要するに」。

「つまり」と同じような働きを持つ言葉ですが、プレゼンなどビジネスの場で使い勝手のいい言葉です。

「要するに」とは、「話を要約すると」ということですから、その後の話は短くまとめるのが鉄則です。「要するに」と言ったのに、そこから話がまた延々と続くようでは、「どこが要するになんだ」と、期待させた分、相手をがっかりさせることになってしまいます。

理想は、ひと言目に「要するに」を使ったら、その後の話は15秒以内にまとめること。

先日もある会議で、発言の冒頭に「では、時間もないので、簡潔に説明いたします」と言ったにもかかわらず、なんとその後10分以上も話し続けた人がいました。

まあ会議なので、さすがに15秒は無理だと思っていましたが、最悪でも「簡潔に」

と言ったのだから3分ぐらいで終わるだろうと期待していただけに、本当にがっかりしました。

おかげで、「まだ終わらないのか」「いつまで話すつもりなんだ」と、会議に出ていた人みんながイライラして、場の空気がすごく悪くなってしまいました。

「要するに」を連発するわりに、話を短くできない人もいます。中高年の男性によく見られます。えらそうにも見えるので、「要するに連発癖」には気をつけましょう。

要するに、話す前にきちんと自分の中で内容のポイントを押さえてから、使いどころを見極め、本当に話をコンパクトにまとめて話すときだけ、うまく使うようにしてください。

相手と異なる意見を言うときには「一般的には」とぼかす

自分の意見を持つことは大切ですが、大人の会話では異なる意見を受け入れる余裕を残しておくことも必要です。

「誰か」の意見に乗せることで
自分の意見をぼかす

POINT

何ごとも決めつけてかかるのは危険。大人になれば自分の発言には大きな責任が伴うし、立場が違えば、意見が違うのは当たり前だからです。大人はそうしたことがわかっているので、自分の意見を述べるときでも、上手に逃げ道を残しています。「○○の立場からすると」「一般的には？」「どちらかと言うと」、こうしたひと言目は、他人の意見を受け入れる余裕を示しつつ、いざというときにあなたの逃げ道にもなってくれます。

あなたを守る「ぼかし」の技術

日本では、自己主張が強いと嫌われる傾向があります。日本では着物や絵画でグラデーションが好まれるように、実は会話でも「ぼかし」の技術が好まれます。

会話におけるぼかしというのは、曖昧な発言をするということではありません。わかりやすく言うと、異なる意見を認める余地、つまり「逃げ道を残しておく」ということです。

たとえば、ときどきテレビのコメンテーターが、「母親の立場から言いますと」というように、自分の立ち位置を明らかにしてから意見を言うことがあります。

これには、自分の立場を明らかにしておくということの他に、自分の意見はあくまでもその立場に基づいた限定的なものだということをソフトに伝えておくという効果があるのです。

「わたしの母親という立場からはこう見えますが、また別の立場の人から見れば、別の見方ができると思います」と、他人の意見も許容できることを示しているということです。

実際テレビなどでは、自分の意見を述べた後に「わたしはそう思うのですが、他の立場、たとえばお客さんの立場からするとどう思われますか?」と、他のコメンテーターの意見を求めるようなことがよく行われます。

こうした「ぼかしの技術」に使えるひと言目は他にもあります。

たとえば「一般的には○○と言われていますが」もそのひとつ。

誰が言っているのかと言うことはスルーした言い方ですが、こうした「誰か」の意見に乗せることで自分の意見をぼかしつつ述べることができます。

似たものに「どちらかと言うと○○ですかね」と言うのもあります。

何か意見を言うときに、あまりバシッと言い切ってしまうのは危険です。相手が全然違う意見を持っていると対立構造が生まれてしまうからです。

もちろん、中には絶対に譲れないこともあると思いますが、普段の会話ではそこまで頑なにならなければならないことはそんなにはないはずです。

自分は異なる意見も受け入れる余地を持っている、相手にそう思わせるひと言目を上手に使うことで、大人の余裕を示しましょう。いざというときは、その余裕があなたを守ってくれます。

「どうなんでしょうね、あれ」で、まず相手の出方を窺う

トラブル、対立、議論を避けたいときは、自分からはっきりした意見を言うのは危険。

正解がわからないときは相手の出方を窺う

POINT

どうしても譲れないものは別ですが、どちらでもいいようなことで議論になるのは避けたいもの。もし挑発的な話題を振られたら、「いかがなものですかね」や「どうなんでしょうね」「大変なことになっていますよね」と言った返しのひと言目を使って、うまくかわしつつ、相手の出方を窺うのが得策。大人の会話では、聞かれたことすべてに正直に答える必要はありません。トラブル回避も大人の大切な知恵のひとつです。

はっきり言うのはトラブルのもと

人から「どう思う?」と、意見を求められたとき、はっきり答えにくい場合がよくあります。

相手の考えがわからないからです。

そんなときは、「どうなんでしょうね、あれ」というひと言目がオススメ。

このひと言目の利点は、「どうなんでしょう」と言ったときの相手の反応によって、その後の対応を変えることができるという点です。

「どう?」と聞かれて、「どうなんでしょうね」と答えるのは、一見おかしいようですが、実際には、相手は自分の意見を言いたい場合が多いので、話はつながります。

大人の会話では、このように相手の反応、出方を窺うひと言目を知っておくことも大切です。

たとえば、「君は憲法改正をどう思う」と聞かれたようなとき、はっきりした主義主張があれば、もちろん自分の意見を言えばいいのですが、特に何も考えていないような場合は答えに困りますよね。クライアントや上司など、相手はどう思っているのか気になるときはなおさらです。

そんなとき使えるのが、「いや、なかなか難しいことになってますよね」という返しのひと言目です。

このひと言目を使うと、自分の意見を言わずに相手の発言を促すことができます。

こういう話題を振ってくる人というのは大抵、賛成か反対か、好きか嫌いか、意見がはっきりしているものです。そのためこちらが先に明確な意見を言ってしまうと、意見が一致する場合はいいのですが、異なると面倒くさい議論を強いられる危険性があります。

こうした危険は、政治のような重たい話に限らず、スポーツなど一見たわいもない話にも隠れていることがあります。もし、巨人の大ファンだと知らずに、「今年の巨人はダメですよね」などと言ったら……。

トラブルを避けたい相手との会話では、まず相手の出方を窺うのも大人の知恵なのです。

幼稚に見える危険な口癖「ええと……」

なくて七癖と言いますが……、自分の口癖、ちゃんと自覚していますか？

自分が思っている以上に
相手に悪い印象を与えるひと言

POINT

意外と無自覚なまま使っている人が多いのが「ええと」というひと言目。本題に入る前や言葉に詰まったときに使う人が多いのですが、子供っぽい印象を与えてしまうので、口癖になっている人は、なるべく早く治しておきたいものです。人から嫌われる口癖も、自覚さえできれば簡単に治せます。まずは自分が「ええと病」になっていないかチェックしてみましょう。治すには、伝えたいことを簡潔に話す15秒プレゼンの練習が効果的です。

15秒プレゼンで「ええと病」は克服できる

「ええと、わたしが考えたのは……」

「ええと、それにつきましては……」

ある学生は、数えてみると1分間の中に10回以上「ええと」と言っていました。

言葉に困ると、とりあえず「ええと」と言ってしまう。わたしはこれを「ええと病」と称していますが、この学生は重症でした。

「今度『ええと』と言ったら切腹ってことで。」とジョークにして自覚を促しました。

もちろん本当にお腹を切らせるわけではありません、「意識してね」という意味です。ところが、「はい、わかりました！」と言って話し始めたひと言目がまた「ええと……」。これにはさすがに本人もびっくりしていました。

この学生のように、「ええと」と言わないと次の言葉が出てこない人は意外と多いのですが、最大のデメリットは、幼稚な印象を与えてしまうということです。

実際、「ええと」と言っている間は考えているようで、実は思考がストップしているのです。ええと病を治すと、頭がスッキリし、思考能力が高まります。

ええと病を治すには、まず自覚すること。

そこでわたしの授業では、15秒のプレゼンを行い、その間に「ええと」と言うかどうかをみんなで指摘し合う、ということをやっています。他人の「ええと」を意識すると、自分の「ええと」も気になるようになるからです。

15秒プレゼンはかなり短いので、さすがに「ええと」を入れてくる人は少ないのですが、それでも、最初に「ええと」と言ってしまう人がいます。

「ええと」は絶対に言ってはいけない言葉というわけではありませんが、大人がビジネスシーンで「ええと」というひと言目を使うのは、さすがにいただけません。変になれなれしいとか、考えがまとまっていないのではないかという疑いを相手に抱かせることになるからです。とりあえず「え〜」に代える手もあります。

たとえば高級ホテルのフロントマンが、「ええと、お客様のお部屋は」と言ったらどうでしょう。従業員教育ができてないなと思うのではないでしょうか。

チェックしてみて、もし、ええと病にかかっていたら、15秒プレゼンで「ええと」を使わない訓練をして、早めに治しておきましょう。

⇩「そもそも」では問題は解決しない

「先生、今まで本読んだことあんまりないんですが、どんな本を読んだらいいんでしょうか？」

屈託のない笑顔で投げかけられたこの質問に、一瞬とまどいました。

彼はいま大学3年。そして、教員を志望している（なんと国語）。今まで部活が忙しかったので本を読んでいないという。

人格及びコミュニケーション力は問題なし。しかし、読書習慣がないのは問題あり。

ここでかつてのわたしなら、間違いなく次のように言っていたでしょう。

「そもそもさ、君は本も読まないのに、何で国語の先生になろうと思ったの？」

「そもそも何でそんなに教員になりたいわけ？」

うっとうしい説教オヤジの台詞のようですが、かつてのわたしは、この「そもそも」を使って問いただすことが、その問題解決につながると思っていたのです。

COLUMN

でも、それは間違いでした。

「そもそも」論を持ち出して問題が解決したことは一度もありませんでした。しかも「そもそも君はさ」と言った瞬間に説教モードに突入してしまうので、ほぼ間違いなく相手に嫌な顔をされます。

根源論や理想論になりがちな「そもそも」は、相手の気分を害するだけで、目の前の問題解決にはむしろ逆効果だったのです。

この事実に直面したわたしは「そもそも」というひと言を封印し、どんな問題に直面したときも、現状を受け入れ、これから先どうすればいいのかを考えることにしました。

先ほどの学生にも、本当はいろいろと言いたいことはありましたが、すべて飲み込み、当面の問題に集中しました。最優先事項は、本をほとんど読んでこなかった大学3年後半の生徒、それも国語教員を目指す学生に、役立つ本を提案することです。

本の好みは人それぞれですが、「いや、そんなに構えなくても、何でも自分の好きなものを読めばいいんだよ」といった答えはできません。相手は具体的な書名を提案してもらうことを望んでいるのです。

COLUMN

とはいえ、いきなり長い作品を読むのは難しいだろうから、まずは短編集がいいだろう。

そこでわたしは、「芥川龍之介の作品は読んだことある？」と聞きました。すると「ない」と言うので、「じゃあ、『杜子春』とか『鼻』、『地獄変』などが入っている文庫本があるから、まずはそれを読んでみたら」と勧めました。

正直なところ、あまり期待していなかったのですが、次の授業で内容を説明させてみると、ものすごくうまく内容を説明したのです。しかも口頭で説明するだけでなく、自作した鼻の模型をテーピングして、「鼻が長くてもわしは全然気にしとらん」と、視覚に訴える工夫を凝らし、教室のみんなを大爆笑させてしまったのです。

その後、その学生は「いい短編をたくさん読んで、作品数をふやそう」という提案を受け入れ、見事に読書家に成長しました。

そもそも論を持ち出すと、当面の問題解決よりも、国語教師たるべきものは、というような根源論や理想論に話の焦点がズレてしまいます。そして論点がズレると、国語の先生を目指すなら『カラマーゾフの兄弟』のような大作を読んだ方がいいよということにもなりかねません。

でも、『カラマーゾフの兄弟』を読破するには、600ページ×3冊を読まなければなりません。いきなりそんなものに挑戦していたら、作品数が増えません。それどころか、途中で挫折する危険もあります。『地獄変』や『杜子春』『鼻』はどれも短編ですが、優れた作品ですし、読んだ作品数を確実に増やすことができます。

わたしの教え子の中にも、運動部などで忙しく、ほとんど本を読んでこなかったという子がいます。彼らは、最初の1冊は読むのにものすごく苦労するのですが、1冊というハードルを乗り越えると、メキメキと読書量が増えていきます。実際、2、3カ月もすると、「先生、2日に1冊読めるようになりました」となる学生がほとんどです。

今、最も大事なことは何か。「そもそも」はその最も大事なことを見失わせてしまう危険なひと言なのです。

こうしたことは職場でもよく生じています。「そもそも」と説教をするよりも、現実を受け入れて具体的な指示を出すことが、問題解決の早道なのです。

CHAPTER 3

「相手を褒める＆その気にさせる」ひと言目

CHAPTER3

褒める＆その気にさせる

「むしろ」で褒めの本気感＆リアリティーアップ

「むしろ」は相手を褒めたり励ます言葉と一緒に使うと効果的。あなたの本気度が伝わります。

お世辞ではなく
自分の強い意思表示として褒める

POINT

人を上手に褒めるのはなかなか難しいもの。取って付けたお世辞に聞こえないようにするためには、言葉にリアリティーが必要です。ひと言目に「むしろ」をうまく使うとそのリアリティーが生まれます。コツは、「ポジティブな内容」に「具体的な言葉」を加えること。「むしろ」を使いこなせれば、あなたも立派な褒め上手です。

「むしろ〇〇」で本気度をアピール

「最近、お肌の張りがなくなってきちゃって」

そんな相手のネガティブな言葉を受けて励ますとき、「そんなことありませんよ」と否定するだけでは大人の会話としてはちょっと物足りません。

励ますためには、ひと言目から相手を喜ばせることがポイント。

ただし、喜ばせると言っても、「お美しいですよ」というような曖昧な表現では、取ってつけたようなお世辞に聞こえてしまいます。

社交辞令ではなく、心からそう思っているとわかってもらいたい。そんなときに使えるひと言目が、「むしろ〇〇ですよ」です。

使い方のコツは、「ポジティブな内容+具体的な言葉」

「いやいや、そんなことありませんよ、全然どころか、むしろ頬なんて20代の張りですよ!」

これなら、最初の否定が単なるお世辞や社交辞令ではなく、こちらの強い意思表示だということが伝わります。

「むしろ○○」のいいところは、相手の言葉を踏まえてリアクションしている印象を与えること。これが会話にリアリティーを生み出します。

そこにさらに、具体的な言葉を入れて、伝えたいポイントをクリアにすると、本気度が加わるので、「むしろ○○」の効果はさらに高まります。

「むしろ○○」は本来、前の言葉を踏み越えていくときに使われる言葉です。そのため相手の言葉を否定するために使ってしまうと嫌味な印象を与えることになってしまいますが、ポジティブな言葉と組み合わせ、相手を褒めたり励ますときに使うと、とても大きな効果をもたらしてくれます。

相手を褒めたいときや、励ましたいときには、相手の言葉を踏まえてその上を行く、「むしろ○○」に具体的な言葉を加えて使いましょう。

これができるようになれば、あなたはもう立派な褒め上手です。

使い方を間違えなければ効果抜群、「もうほとんど〇〇ですね」

知識はひけらかすのではなく、褒めに使おう。

勇気を持って有名人にたとえてみよう

POINT

芸は身を助けると言いますが、知識は間違いなく会話を助けてくれます。相手を褒めたいとき、映画好きなら俳優や女優の名前を出して「ほとんど○○ですね」と言ってみましょう。スポーツ好きなら名選手、歴史好きなら歴史上の偉人。有名人と相手の共通項を見つけ出して褒めるテクニックを身につければ、どんな相手でも褒められるようになります。知識の量は、褒め言葉の数だったのです。

「もうほとんど○○ですね」は万能の褒め言葉

人を褒めるとき、うまい褒め言葉が見つからず困っていませんか？

実は、人を褒めるのは、意外と簡単なのです。

たとえば女性を褒めるとき、あなたが映画好きなら、「あなたの横顔、まるでイングリッド・バーグマンみたいですね」と言ってみましょう。

たとえ相手がバーグマンを知らなくても、有名女優に似ていると言われて悪い気はしません。それにちょっと調べればすぐにわかります。しかも、イングリッド・バーグマンは伝説的な美人なので、「まあっ、こんな美人に」と、むしろ二度喜んでもらえるでしょう。

同じ実在の人物でも、「クレオパトラみたいですね」とか、「楊貴妃みたいですね」と言うのは、あまりオススメできません。一応絶世の美女ということになってはいますが、実物は誰も見たことがないので、いまいち説得力に欠けるからです。

ポイントは、ちょっと調べれば誰でもわかる人で、相手が納得するようなつながりが感じられる人をチョイスすること。

たとえば、豪快なイメージの人を褒めたいときは「ソフィア・ローレンみたいですね」と言い、華奢なタイプの人だったら、「オードリー・ヘプバーンみたいですね」と言う。顔が似ていなくても、雰囲気やイメージが結びつけばＯＫ。

勇気と自信を持って、ひと言目から「もうほとんど○○ですね」と褒めましょう。

たとえば、上に立つ人間というのはこうあるべきだというようなことを先輩が言っていたら、「先輩、もうほとんどマキャベリみたいですね」と褒める。

同じマキャベリを引き合いに出すのでも、「マキャベリの『君主論』に同じことが書いてありますよね」と言うと、知識をひけらかした嫌味なヤツ、と思われてしまいますが、この言い方なら、相手は好意的に受け取ってくれます。

この褒め方は、相手が女性でも男性でも、また、見た目だけでなく知識や身体能力、さまざまな才能を褒めたいときでも、いろいろな場面で使えます。

「完全に○○」と言ってしまうと、さすがに「それは違うだろう」ということになってしまうので、ちょっとアバウトな感じを含んだ「ほとんど○○」が褒めにはピッタリなのです。

褒める＆その気にさせる

ビフォー・アフターは、自己アピールの最強ツール

「前は○○でしたが、今は○○です」。冷静な自己分析はあなたの大人度を伝える便利なひと言です。

自分の成長を効果的に伝える便利な方法

POINT

忙しい相手に短時間で自己アピールしたいなら、ひと言目からビフォー・アフターを使うのが最適。自分の成長を的確に伝えられるので、適切なアドバイスがもらえます。ただし、ビフォー・アフターのような「対比表現」を使っていいのは自分のことだけ。自分より下のものと比べて自分の価値を高く見せようとしても、あなたの価値は上がりません。ビフォー・アフターで語っていいのはあくまでも自分のことだけです。

ビフォー・アフターで自分の進化をアピールしよう

「先生、この前紹介していただいた本、すごく面白かったです。1カ月前は1冊読むのにすごく時間がかかったのですが、最近は週に2〜3冊読めるようになりました。またいい本を紹介してください」

これは実際にわたしがある学生から言われた言葉です。

わたしは仕事柄、いろいろな学生にさまざまな本を紹介しているので、正直言って、そのすべてを明確に覚えてはいません。そのためこの学生のように、最初から自分の「ビフォー・アフター」を上手に織り交ぜて話してくれると、彼にいつどんな本を紹介したのか記憶が呼び覚まされるとともに、次はどんな本を紹介すればいいか、迷わなくて済むのでとても助かるのです。

自分の成長や変化を相手に伝えたいときは、ビフォー・アフターがとても役立ちます。

特に伝えたい相手が、上司や先生など、多くの人を監督する立場にある人の場合は、ビフォー・アフターを上手に使うことで会話がスムーズに進みます。

対比は、自己アピールの基本です。

相手の話を受けるときも、「そうですよね、以前はAだと考えていたのですが、今はBだと思うようになりました」と、以前の自分と今の自分の違いを明確にすれば、相手にこちらの変化や思いが伝わりやすくなります。

ただし、他の人と自分を対比するのは危険です。

「以前は○○でしたが、今は○○です」と、自分自身の成長をビフォー・アフターの対比で語るのはいいのですが、「あの人は○○だが、自分は○○だ」と、他人と自分を比べるような使い方をすると、悪印象を与えてしまうからです。

他の人を悪く言っても、自分の価値を上げることにはつながりません。

自分の価値を上げたいなら、だれかをディスるのではなく、自分の進化をさりげなく、でも確実にアピールするのが効果的。そんなとき、「ビフォー・アフター」は最強のツールとなります。

ビジネスの世界では、新商品が出ると「当社比」で性能アップをアピールしますがそれと同じです。

よくよく考えた末の「気の利いたひと言」より、すぐ口にした「ベタなひと言」が勝る

ひと言目は自分の言いたいことより、相手が聞きたい言葉を伝えよう。

相手を褒めるときも「拙速は巧遅に勝る」

POINT

ひと言目にはちょっと気の利いたことを言おうと考えて、却って失敗するというのは、大人の会話ではよくある話です。「美味しい」「かわいい」「ステキ」そんなベタな言葉でいいので、ひと言目は肯定的な言葉を伝えよう。なぜなら、それこそが相手の最も聞きたい言葉だからです。その聞きたいひと言さえ聞けば相手は安心するので、その後の会話の雰囲気も、あなたの印象もグッとよくなります。

ひと言目で肯定的な結論を伝える

とあるロケ番組でのこと。畑で採りたてのサヤエンドウを試食したタレントさんが感想を聞かれて発したひと言目が、

「土の味がしますね」

このひと言目で場の空気が凍りつきました。丹精込めてつくった野菜が、「泥臭い」と否定されたと思った農家の人がムッとしてしまったからです。

多分タレントさんは、人とはちょっと違う、気の利いたコメントをしたかったのだと思います。でも、結果は大失敗。一度気分を害してしまうと、その後でいくら美味しいと言っても、もう相手の心には響きません。

大人の会話では、相手にできるだけ早く「安心感」を与えることが大切です。感想を聞かれたら、ひと言目でできるだけ肯定的な言葉を使いましょう。

自分の意見を言うのは、その後の方が効果的です。

このコメントも、ひと言目に「美味しい！」と言っていれば、もっと違う受け取り方がされていたと思います。

実を言うと、わたしもテレビでこれと同じような失敗をしたことがあるのです。いつも「美味しい」というコメントじゃ芸がないし、何がどう美味しいのか伝わらないかも知れない。たまにはもっと細かいことを言ってやろう……、そんな欲を出したのが間違いでした。

いろいろ細かいことを言って、「美味しい」というひと言を言うのを忘れてしまったのです。その結果、美味しいのか美味しくないのかわからない、という残念なコメントになってしまったのです。

大人の会話では、回りくどい言い方は誤解のもと。

自分の意見が肯定なら、迷わず「美味しい」と結論を先に言いましょう。

たとえ意見が否定的なものであっても、いいところを探して「香りがいいですね」とか、「食感が素晴らしい」とひと言目で肯定的なことを言えば、「もうちょっとパンチがあった方がわたしは好きかな」というように自分の意見を付け足しても、相手は最初の肯定的なひと言で安心感を得ているので、素直に受け入れてくれます。

どんな意見もひと言目は肯定的な言葉で始める。そのためには普段からいろいろな肯定的フレーズをストックしておくといざというとき役立ちます。

褒めの最終奥義、細部拡大方式

ひと言目のシンプル褒めで満足しない相手には、細部をフォーカスして褒めるのが有効。

どこでも
眠れることが
私のいいところ♡
ZZZ…

その人のいい部分をフォーカスして褒める

POINT

褒めの基本はスピードとシンプルな言葉選びですが、一般的な褒め言葉だけでは相手の反応がイマイチのことも。そんなときは躊躇せずに、今度は細部を拡大して思いっきり褒めましょう。細部を拡大しているだけなので、その言葉には嘘くささやお世辞感はありません。どんな相手にも満足してもらえる褒めのテクニック「細部拡大方式」をぜひマスターしてください。

人を褒めるとき躊躇は禁物

人を褒めるとき何よりも大事なのは、躊躇しないこと。

ひと言目で褒め損なうと、会話が別方向に流れてしまうので、せっかくの褒めチャンスを逃してしまいます。

ひと言目では思ったことを素直に、シンプルな言葉で褒めましょう。

「いやぁ、今日もお美しいですね」

「相変わらず若々しいですね」

会った瞬間、こんなふうに褒められて嫌な気がする人はまずいません。

もし、相手が「どこが?」「どんなふうに?」と切り返してきたら、さらにポイントを絞って、具体的な褒めポイントを思い切って褒めましょう。

そのための技術としてわたしが編み出したのが「細部拡大方式」です。

これは、その人の全体ではなく、その人のいい部分にフォーカスして、そこを拡大して惜しみなく褒める、という技術です。

今中学教師をしているわたしの教え子は、勉強熱心ではないある生徒の書いた習字を黒板に貼り、「みんな前に集まれ！　このハネがすばらしいから、みんなでマネしよう！」と細部を拡大して褒めたところ、その生徒が書道を習いたいと言うようになったということです。

人を褒めるとき、「以前より明るい感じになりましたね」といったビフォー・アフター表現は避けましょう。人によっては「前は暗かったってこと」と勘ぐられる危険があるからです。同様に「今度の髪型似合っていますね」と言うのも、前のは似合っていなかった、と取られかねません。

40代の人に、30代後半にしか見えないと言うのも細かすぎて微妙です。大切なのはお世辞は言わないこと。心からそう思っているかどうかは、相手にもわかるものです。

褒めるときは、あまり細かいことを言わず、「ステキ」「きれい」「似合っている」「カッコイイ」といったシンプルな言葉を選ぶのが基本ですが、それでも満足してもらえない相手には、細部拡大方式が有効。

この方法は、対象をピンポイントに絞り込んでいるので細かいことを言っているようですが、嘘は言っていないので、相手の心にちゃんと響くのです。

褒める＆その気にさせる

落ち込んでいる人には、根拠がなくても「大丈夫」と言おう

「あなたなら大丈夫」というひと言には、根拠がなくても大丈夫。

時には理屈抜きで応援してあげよう

POINT

励ましてほしいと思っている人の心には、アドバイスも共感も響きません。それどころか、下手なことを言うと、拗ねたり怒ったりと、より面倒なことになりかねません。そんなときは、根拠なんかなくてもいいので、ひと言目から自信を持って「あなたなら大丈夫！」と言ってあげましょう。自分の言葉を肯定してほしい人にとっても、否定してほしい人にとっても「あなたなら大丈夫」という言葉は励ましとして響きます。

励ますときは根拠を示さず「あなたなら大丈夫」と言い切る

最近、励まされたがる人が増えています。

あなたの周りにも、わざと人前で落ち込んでみせる人、ため息をつく人などがいるのではないでしょうか。

これはかなり面倒くさい存在です。

なぜなら、放っておけば場の空気が悪くなるし、話を聞いて「そうですね、確かにね」と共感を示しても、彼らは励ましてほしいので、それだけでは満足してくれないからです。

中には、自分の言っていることを上手に否定してほしがっているケースもあるので、相手の要求をある程度読んで対処しなくてはなりません。

この読みを間違えて最初のひと言目を間違えてしまうと、拗ねたり落ち込んだり、怒ったりと、さらに面倒くさい展開に陥ってしまいます。

では、そんな励まされたい人に使える万能のひと言目は何か。

絶対とは言い切れませんが、比較的無難なのは「あなたなら大丈夫」です。

たとえば会社の後輩が、「最近、全然仕事がうまくいかなくて、企画も思いつかないし、いいことも何もなくて」のような言い方をしてきたとしましょう。

ここでいきなり「企画書のコツはね」というような具体的な指導をしてはダメです。

相手は慰め、励ましてほしいのであって、必ずしもアドバイスをしてほしいわけではないからです。

あなたがすべきことは、何の根拠も示さずに、「あなたなら大丈夫」と言い切ってあげることです。

ポイントは、自信を持って断言すること。

根拠がなくてもいいの？　と思うかも知れませんが、むしろ何も根拠を示さない方が、相手を安心させることもあるのです。

それでも根拠や理由を聞かれたら、「総合力として大丈夫」とか「これまでずっと見てきて、そう感じる」などと答えれば問題ありません。

久々の再会で喜ばれる「あっ、そう言えば」

「覚えているよ」と言われても、それだけでは今ひとつ信用できないもの。具体的な記憶を付け加えて、本当に覚えていることを示しましょう。

何気ない雑談の記憶が人間関係を育む

POINT

久しぶりに会った人が、自分が前に話したことを覚えていてくれると嬉しいものです。そうした「覚えていること」を実感させてくれるのが、「あっ、そう言えば」＋「具体的な記憶」です。そう言われても、そんなにいろいろなことを覚えていられないよ、と心配になったあなた、大丈夫です！ 手帳を活用すれば簡単に記憶の達人になれます。これで「あっ、そう言えば」は、あなたの株を上げる魔法のひと言になるでしょう。

「あっ、そう言えば＋具体的な記憶」で時間が埋まる

「あっ、そう言えば、あの計画はその後どうなった？」

「あっ、そう言えば、バンドは今もやっているの？」

久しぶりに会った人がひと言目でそんなことを言ってくれたら、自分が前に話したことをずっと覚えていてくれたんだ、と嬉しくなりますよね。

先日、卒業してから10年近くたった教え子から連絡が来たときのことです。

「先生は、わたしのことを覚えていないかも知れませんが……」

彼は遠慮がちにそう言いましたが、わたしは彼女のことをよく覚えていました。

そこで、

「覚えているよ。そう言えば、君はラルク・アン・シエルが好きだったよね、今もコンサートは行っているの？」

と、言うと、

「えっ、あっ、行ってます！　行ってます！　いやあ、先生、わたしのこと本当に覚えていてくれたんですね」

「学生時代によく行っていると言っていたからねえ。そう、まだ行っているんだ。そう言えば、この前、テレビ番組でハイドを見たんだけど、彼すごいよね」

「そうなんですよ！」

最初にあった距離感は一気に吹っ飛び、10年の歳月がなかったかのように会話が弾みました。

この会話のポイントは、相手の「覚えていないかも」に対して、返しのひと言目を「覚えているよ」だけで終わらせず、2人の間にあった何か具体的なエピソードや、相手のことで覚えていることを付け加えたことです。

「そう言えばあの頃、○○を教えてくれたよね、なつかしいなあ」

「そう言えば、今も映画が好きで見に行ってるの？」

具体的な記憶を「そう言えば」と組み合わせて示すことで、相手は「覚えていてくれた」ことを実感するのです。

「あのとき飼っていたワンちゃんは元気にしている？」は、死んでしまっていることもあるので注意が必要です。

手帳で記憶力を補う

この「あっ、そう言えば＋具体的な記憶」という手法は万能で、個人的な関係はもちろん、ビジネスシーンでも力を発揮します。

久しぶりに会ったお客さんに、「ご家族のみなさんはお元気ですか？」と聞くだけでは定番の営業トーク。

でも、そんな定番フレーズに、

「あっ、そう言えば、確かお嬢さんは今年から中学生でしたね、大きくなられたでしょうね」というように、相手に関する具体的な記憶を付け足すことができれば、相手との距離感はグッと縮まります。

その御子さんがいい学校に入っていたりすると、お客さんの娘自慢が始まったりして、直接商談とは関係ない話をいろいろすることになるかも知れませんが、それは決してムダな時間ではありません。実はこうした雑談こそがビジネス成功のカギとなっていることも多いのです。

特に保険の窓口や車のディーラーなど営業職では、同じ商品を扱っているのに、個人によって売り上げが全然違うということがよくあります。

売れる人と売れない人、両者は何が違うのかと言うと、実は商品知識でも押しの強さでもなく、「雑談力」が違っているのです。

たとえ営業の窓口に来てくれたお客さんであっても、担当者がいきなり商品の説明をした場合、商談は成功しにくいと言います。

相手が初対面なら天気の話をしたり、誰かの紹介なら「○○さんとはもう長いおつきあいで、いつもお世話になっているんですよ。この前も……」というように共通の話題で場を温める。そして、相手がリピーターなら「この前の商品はいかがでしたか？」と、相手のことをきちんと覚えていることを示した上で、相手がどのようなものを求めているかを聞き出す。

何気ない雑談によって、何となく人間関係、信頼関係をつくることが、相手に商品の説明や提案を素直に受け入れてもらえるようになるコツだと言います。

そういう意味では、「記憶」は非常に重要なツールです。

もともと記憶力のいい人というのもいますが、記憶を上手に活用している人の多くはそれなりの努力と工夫をしています。

わたしもよく「先生、よく覚えていますね」と言われますが、種明かしをすると、わたしの記憶力を助けてくれているのは手帳です。

実は会話をしたとき、「この人はこういうものが好きなんだな」とか、「こういうことに悩んでいるんだな」といった、気づいたことをちょこちょこっと手帳に書いておくのです。書くと記憶が定着しやすい上、いつ誰と会ってどんな話をしたというのが、そのメモ書きを見ることで蘇りやすくなります。

スマホなどの手帳機能でも、メモ書きはできます。

手帳を活用するコツは、予定を書くだけでなく、その予定が終わったら、そこであった印象的なことをメモしておくこと。

たとえばわたしなら、まず講演会が決まったらその場所と時間を予定として書き込み、講演会が終わった後で、そこで印象に残ったことを書き入れておく。

このように手帳を「予定表＋ちょこっと日記」として使い、後でそれを見返すことで記憶力抜群になれるというわけです。

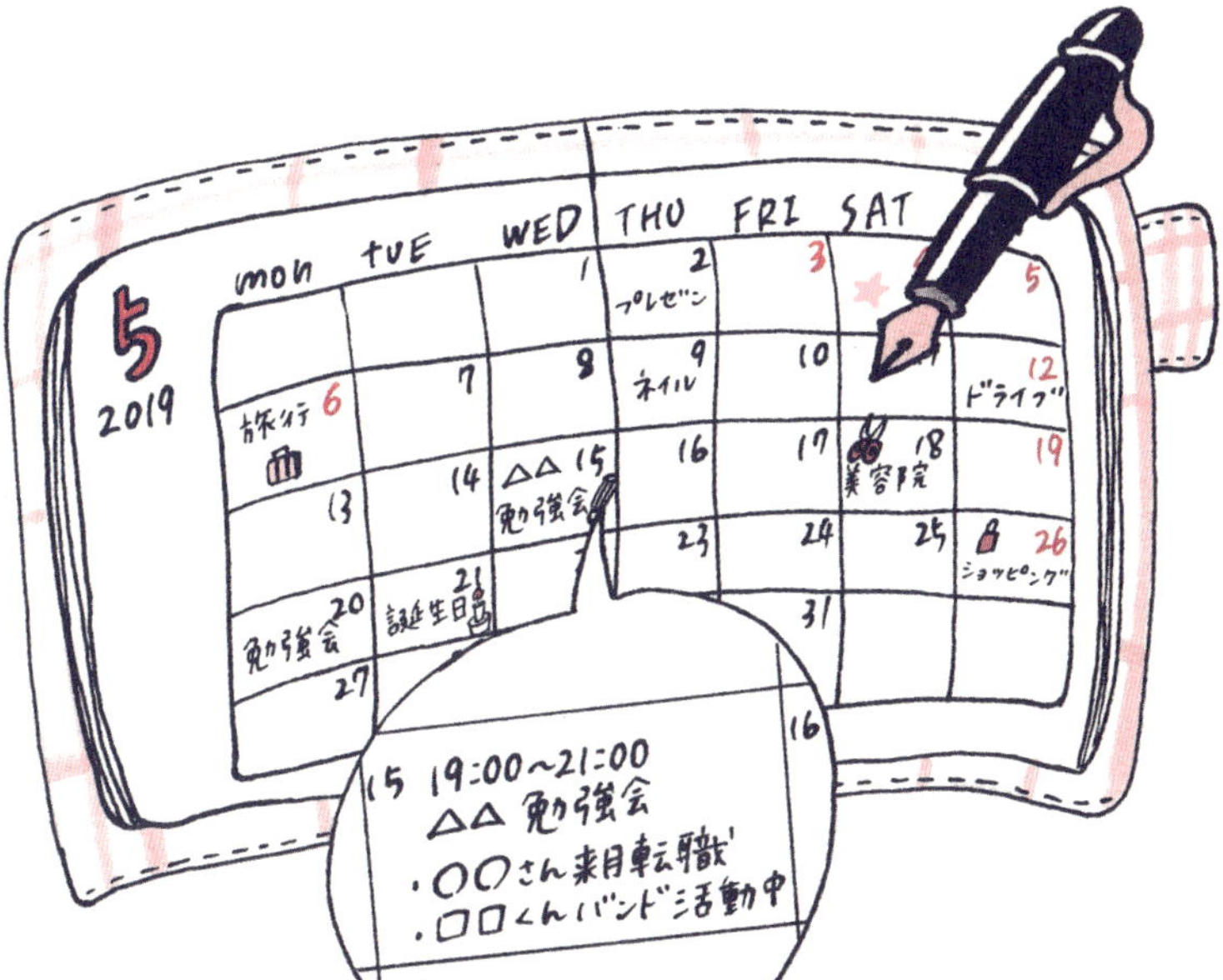

5
2019
MON TUE WED THU FRI SAT
プレゼン
ネイル
旅行
ドライブ
△△勉強会
美容院
ショッピング
勉強会
誕生日
15 19:00~21:00
△△勉強会
・〇〇さん来月転職
・□□くんバンド活動中

自慢話は「それはよかったですね」と受け流す

「すごい」などの言葉は、無意識のマウンティングにつながるので要注意。

ポジティブかつ自然な流れでスルーさせる

POINT

ビジネスの場で発言するときは、きちんと根拠を示すことが求められますが、一般的な大人の会話では、あえて根拠を示さずに、曖昧な表現に徹した方がうまくいくこともあります。自慢話をスルーしたいとき、愚痴をこれ以上聞きたくないとき、そして、相手が励ましを要求しているとき。そんなときはむしろ曖昧な言葉に徹した方が嫌われません。なぜなら、曖昧な言葉は、相手が勝手に望む形で受け取ってくれるからです。

聞きたくない自慢話は「それはよかったですね」と受け流せ

「うちの子が〇〇大学に入ってね」

自慢げにそう言われたら、あなたなら何と返しますか？

「おめでとうございます。それはすごいですね」

ついついそう言ってしまいがちですが、これでは相手の思うつぼ。自慢話がエスカレートしていくことになるでしょう。

相手に対して失礼にならず、でも、相手がそれ以上の自慢をしにくくなる。そんな返しのひと言目があります。

「おめでとうございます。それはよかったですね」

ちょっとした違いに思えるかも知れませんが、効果は絶大です。

「すごい」は賞賛のひと言なので、言った瞬間に上下関係がついてしまいます。

大人の世界では、無意識のうちにマウンティングが行われるので、安易に「すごいですね」というような上下関係が明確になる言葉は使わない方が安全です。安易に使ってしまうと、相手が図に乗って、次々と自慢話を聞かされることになりかねません。

かと言って、「そうなんですか」だけではあまりにも素っ気ない。

自慢話を聞きたくないからと言って「だから何?」なんて言ったら、ケンカを売っているようなものです。

でも「よかったですね」なら、出来事を「喜ばしいこと」だと言っているので、決して失礼にはなりません。それでいて「すごい」のような上下関係もつきません。

さらに「よかったですね」は、何がよかったのか、誰にとってよかったのか、焦点が今ひとつぼやけているところもいいのです。

相手にとっては間違いなく喜ばしいことなので、「よかったですね」と言われた方は「うん、そうなんだよ」としか言えません。

それでも祝意だけは伝わるので、失礼にもなりません。

こうした曖昧だけれど失礼にもならない返しのひと言目は、大人の会話ではとても重宝するので、ぜひ上手に活用してほしいと思います。

⇩面倒くさい「かまってちゃん」には「それはキツかったね」

無意識のマウンティングは、上下関係だけでなく、面倒を見る見ないという面倒くさい関係でも生じます。

中でもよくあるのが、愚痴とか弱気な発言をすることで、慰めてもらいたがる「かまってちゃん」との人間関係です。

かまってちゃんは一度慰めてしまうと、会う度に愚痴を聞かされて、慰めなければならなくなるので、最初が肝心です。

面倒くさいとは言え、キッパリ突き放すのも危険です。「あの人は冷たい」とか、「意地悪だ」とか、今度はあなたが愚痴の対象にされてしまうからです。

そんな人への対応の正解は、ひと言目で「それは辛かったね」と言ったら、それ以上何も言わないこと。

COLUMN

間違っても「そういうことはよくある、わたしも同じようなことがあった」などと言ってはいけません。

かまってちゃんは、アドバイスを求めているわけではありません。「わたしも同じようなことがあったけど、こうすれば乗り越えられるから大丈夫」などという話は絶対に聞き入れてくれません。するだけムダです。

ですから下手にアドバイスなどせず、「へえ、それは辛かったね」とか、「それはキツかったね」と言うだけにしておきましょう。

「それは○○だったね」というのは曖昧な言葉ですが、「共感」を伝える言葉なので、かまってちゃんには効果覿面《てきめん》です。

このとき何がどう辛かったのかとか、誰が悪いとかひどいとかということに対しては、相手が何を言っても同調しないのがコツです。

相手の心に寄り添うように「そう、そうなんだ。それは辛かったね」と言ったら、後はそっと距離を置きましょう。

CHAPTER 4

「伝えにくいことを上手に伝える」ひと言目

断るときは「このたびは」で、含みを持たせる

あえて「このたびは」と限定することで、次回の可能性をにおわせる。

お断りする対象範囲を
なるべく小さく限定する

POINT

どんな無理な要求も、理不尽なクレームも、むげに断ると、相手を傷つけてしまう危険性があります。まずは「このたびは貴重なご意見をありがとうございます」と、一旦検討する姿勢を見せましょう。そうすることで、相手の気持ちは和らぎます。断るときは「このたびはちょっと」と含みを持たせることを忘れずに。クレーム対応は、言葉選びを間違えると、相手を怒らせてしまうこともあるので特に注意が必要です。

クレーム対応に役立つひと言目「このたびは」

世の中には信じられないようなことを言ってくる人がいるものです。

「息子が休んだ日の授業をもう一度やってください」

これは、ある生徒が授業を欠席したとき、親御さんから言われた言葉です。

その生徒が授業を受けられなかったのは、本人の都合です。学校側に落ち度はありませんでした。それなのに、その生徒1人だけのためにもう一度授業をしてほしいというのです。

向こうの言い分としては、きちんと授業料を払っているのだから、息子には授業を受ける権利があり、学校には授業をする義務があるというのですが、学校にしてみれば、欠席したのはあくまでも本人の都合であって、学校側に落ち度はなかったのですから、到底受け入れられない要望でした。

社会にはこのようなびっくりする要望やクレームがあふれています。

でも、どんなに理不尽なクレームも、言ってくる側はそれが正当な要求だと思っているので、むげに断ってはいけません。怒りからさらなるクレームに発展する危険が潜んでいるからです。

相手を怒らせず断るにはどうすればいいのでしょう。

それには、相手の言い分を一旦認め、真剣に検討する姿勢を見せることです。

まず、「このたびは貴重な御意見ありがとうございます」とひと言目は、お礼を言い、その上で「検討させていただきます」と言う。

このように言うと、相手は自分の要求が通る可能性を感じるので、「じゃあよろしくお願いします」とその場は引き下がってくれます。

そうして少しインターバルをあけてから、

「いろいろ検討しましたが、このたびは御遠慮させていただくことになりました」と断りを入れる。ここでもまた、ひと言目に「このたびは」と言うことで、今回はダメだったけれど、次はあるかも知れない、という含みを残します。

そんな回りくどい言い方をしなくても、と思うかも知れませんが、今はクレームが大問題に発展しかねない怖い時代です。トラブルを避けるために、こうした含みを持たせたひと言をうまく使うことも、大人の会話では大切な技術なのです。

CHAPTER4

伝えにくいことを伝える

面倒なお誘いは「ちょっと」で軽やかにかわす

相手の事情を思いやる気持ちから生まれた別れの挨拶「さようなら」。「ちょっと」と言うひと言目は、その遺伝子を受け継いでいます。

言いにくい言葉を
ソフトに包み込んでくれるひと言

POINT

ちょっと迷惑なお誘いも、相手を傷つけることなく、軽やかにスッと断るのが大人というもの。相手の事情をくみつつ、自分の事情も上手に伝えて、スマートに会話を切り上げたいときに使えるひと言目が「ちょっと」です。「ちょっと今日は用があるので、これでお別れしますが、また今度ね」。そんな印象を残せる「ちょっと」は、いろいろな用事と組み合わせて使えるとても便利なひと言です。ぜひ上手に活用してみてください。

「ちょっと」は会話を切り上げる思いやりの言葉

あーあ、この会話、いつまで続けなきゃいけないんだろう。

そんなことを思いながらも、ＬＩＮＥに送られてきたメッセージに返信していたら、相手も律儀に返信してくるので、一晩中延々とＬＩＮＥをするはめに……。

会話の上手な切り上げに苦労しているという人は意外と多いようです。

「会話を切り下げる」という日本語はありませんが、ときどきそう言いたくなるような、こちらの言葉をたたき落とすように会話を終える人がいます。

「そういうの興味ないんだ」とか、「べつに」といった取り付く島もないようなひと言で、パシッと会話を断ち切る終わり方は大人にはふさわしくありません。

大人の会話の切り上げは、ソフトランディングが基本です。話が盛り上がったら、適度なところで気持ちよくスッと切り上げる。それも、なんとなく次につながるような余韻を残しつつ終わらせるというのが、大人の会話の理想的な切り上げ方です。

実は「さようなら」は、このソフトランディングのために生まれた日本語です。

「さようなら」の語源は「さようであるならば」。つまり、「そのような事情があなたにもあり、わたしにもあるのであるならば、いたし方ありませんね」という相手と自分の事情をくみ取った上で会話を切り上げるための言葉なのです。

もちろん今の「さようなら」には、そこまでの深い意味はありません。

でも、このことは、日本人が目指す美しいソフトランディングのポイントが「お互いに事情があることを設定する」ことにあるのを示しています。

そこで、会話を切り上げたいときにオススメなのが、ひと言目に「ちょっと」とつけること。「ちょっと」という響きには、相手の勢いを止める力があります。

ショッピングに誘われたとき、「ちょっと今は持ち合わせがないので」とか、「ちょっとこの後予定があって」と言えば、スマートに断ることができます。そして、最後に「また機会があったら誘ってね」と付け加えれば、相手も気持ちよく会話を終えることができるでしょう。

「ちょっと」がいいのは、言葉に軽やかなイメージがあることです。

「ちょっと今忙しくて」

「ちょっと友達から電話がかかってきちゃった」

「ちょっと」の持つ軽やかさが、会話を切り上げたときの印象を軽くしてくれます。

断る理由をあえて話さず「諸事情で」

断る理由はなくても正直すぎてもダメ。ちょうどいい曖昧表現を使おう。

自分も相手も傷つけないために曖昧な言葉を使う

POINT

嫌な上司に飲みに誘われたり、気乗りしない合コンに誘われたり。あまりありがたくないお誘いってありますよね。そんな誘い自体を断りたいとき、便利なのが「諸事情」というひと言です。日本には「諸事情」と言われたら、それ以上理由を追及してはいけないという暗黙のルールがあります。誘いをさらっとかわして、相手の追及を振り切りたいとき使ってみてください。

断るときの理由は曖昧な方がいい

「来週の水曜日はどうですか？」

「その日は日程的に難しいですね」

誘いに乗る気があるなら、これでもいいのですが、誘いを断りたいと思うなら違うひと言目を使うことをオススメします。日程が合わないと言うと相手は、

「では、その次の週はどうですか？」

「じゃあ曜日を変えましょうか」

と、何とかしてスケジュールを調整しようとしてくるからです。

誘い自体を断りたいとき使える返しのひと言目が「諸事情がありまして」です。

「諸事情」というのは曖昧な言葉ですが、そう言われて「諸事情って何なんですか？」と聞き返す日本人はほとんどいません。

これは辞表などで使われる「一身上の都合により」というのと似た表現で、日本では「諸事情」や「一身上の都合」と言われた場合、それ以上突っ込んで聞いてはいけないという暗黙のルールがあるのです。

ですから、この「諸事情がありまして」は、相手の追及をかわす、一種のキラーフレーズと言えます。

誘いを断るときに、あまり正直に言うのはよくありません。

たとえば、「家庭の事情があって」とか「健康上の理由で」などと言ってしまうと、それ以上尋ねにくいので聞きませんが、「家庭の事情って何だろう、離婚でもするのかな」とか、「健康上の理由って、まさかガンが見つかったのかな」というように、相手にいろいろなことを考えさせてしまうからです。

正直すぎるのがよくないからといって、嘘を言うのもよくありません。

嘘をつくと、嘘がバレないようにしなければならないので、自分自身が自分のついた嘘に追い込まれてしまうからです。

つまり、断るときは嘘ではないけれど、具体的でもないという、曖昧な言葉を使うのが、自分も相手も傷つけない最善の選択なのです。

「一身上の都合」というのは話し言葉としてはちょっと硬すぎますし、「総合的判断によって」などという言い方は普通はしません。そう考えると、やはり「諸事情」と言うのがベストの断り方だと思います。

伝えにくいことを伝える

原因不明のトラブルには、「行き違いがあったようで」に留める

↓
軽率に自分の非を認めてしまうことは得策ではない。まずは無難な表現で留めておく。

なんでもとりあえず謝るのは悪手

POINT

トラブルが発生したら、まずは起きてしまった出来事について素早く謝罪することが大事。ただし、原因がはっきりするまでは自分の落ち度を認めるような言葉は避けましょう。また、事情説明は謝罪の後。謝罪は、どの順番で何を言うかで、聞く側の心証が大きく変わります。どこまで詳しく説明するかはケースバイケースなので正解はありませんが、謝罪の前に説明するのは言い訳にしか聞こえなくなるのでやめましょう。

謝罪と説明の仕方で心証は大きく変わる

先日、ある学生が、提出期限が過ぎても書類を出さないので、事務方の人が何度も連絡を入れてやっと持って来た、ということがありました。

そのとき、最初に「何度も連絡をいただきながら、提出が遅れてしまい申しわけありません」という謝罪の言葉を言っていればよかったのですが、何も言わずに書類だけ置いて立ち去ってしまったので、残念なことにその学生に対する大学側の心証はかなり悪いものになってしまいました。

その学生にもそれなりの事情があったはずです。ならば、きちんと謝罪すべきでした。たとえば「実は家族が倒れて病院に詰めていたので、電話を切っていて気がつきませんでした」というように事情を説明すれば、これほど心証を悪くすることはなかったでしょう。

ただし、謝罪と説明の順番を間違えてはいけません。謝罪の言葉の前にトラブルに至った経緯を説明しようとすると、どうしても言い訳がましく聞こえて相手の心証を悪くしてしまうからです。

トラブルが生じたら、まず言い訳せず、「このたびはご迷惑をおかけし申しわけありません」と、謝罪の言葉を口にしましょう。ただ、謝りすぎるのは問題です。

「このたびは申しわけありません」

「このような事態になり申しわけありません」

これらは、起きてしまった出来事について謝罪しているので問題はありませんが、まだその原因がわかっていないのに「このたびは当方のミスにより」とか「当方の不始末により」と言ってしまうと、自分たちの方に落ち度があると認めることになってしまうので危険です。

原因がはっきりしないうちは「行き違いにより」とか「思い違いがあったようで」といった曖昧な表現に留めておいた方が無難でしょう。誘いを断るときと同じように、曖昧な表現に留めておくのがポイントです。

このように、同じように思える謝りの言葉でも、それぞれに異なったニュアンスがあるので、最初にどんなひと言目を使うのかで、相手の心証は大きく異なります。

どのタイミングでどんな言葉で謝罪するのか。事情を説明した方がいいのか、曖昧な表現に留めておいた方がいいのか。正解は状況や相手によっても違ってきます。

長い説教を切り上げさせる「以後、気をつけます」

「気をつけます」と言われると、相手はそれ以上責められなくなるものです。

謝るだけではなく、次からどうするかも伝える

POINT

「すみません」「申しわけありません」と言われても、それだけではなかなか怒りの炎は消えないものです。でも、「わかりました。以後、気をつけます」と言われると、大人としては寛容さを見せなければという気持ちに追い込まれます。ここで何をどうわかったのか、詳しく相手に言った方がいいのか、言わない方がいいのかは微妙なところ。もしポイントがズレていたら、叱責やお説教が振り出しに戻ってしまうからです。

「気をつけます」は相手の怒りを鎮火する

「気をつけます」は、謝罪のひと言目として使い勝手のいい言葉です。

「わかりました、以後、気をつけます」

と言われると、怒っている側もそれ以上言いにくくなるので、「気をつけるならいいよ」と、矛を収めてくれるからです。

怒っている側からすると、「申しわけございません」と謝られるだけでは、なかなか気持ちが収まらないものです。人によっては「申しわけございませんじゃないだろう」と、怒りが再燃することすらあり得ます。

でも、「わかりました。以後、重々気をつけます」と言われると、逆に責めている側が、「これ以上言うのも大人げないかな」という気持ちに追い込まれるので、それ以上責めにくくなるのです。

ですから「気をつけます」は、長い説教を切り上げたいときのひと言目としても使えます。

問題は、ここで「気をつけます」の後に、今後は何をどう気をつけるのか、注意ポイント、反省ポイントを言うかどうかです。

たとえば「今後は必ず先方にアポイントを取ってから行くようにします」というように、ポイントをクリアにして終わらせるというのも、相手の「こいつは本当にわかったのか」というもやもやした気持ちをスッキリさせられるメリットがあります。

しかし、もしそのポイントがズレていたら、「お前、何にもわかってないじゃないか」と、またお説教が一から始まってしまうことになる危険もあります。

何を言い、何を言わない方がいいのか、大人同士の会話では、こうした見極めもとても大切だということを覚えておいてください。

話に自信がなくても「どうでもいい話なんだけど」は禁物

前置きは、相手をがっかりさせる危険な行為。臆せず本題から始めよう。

下手な前置きは相手のテンションを下げる

POINT

話の価値を決めつけるような前置きはとっても危険。特に、会話の期待値を下げるようなひと言は、聞く人のテンションまで下げてしまいます。前置きをしたくなるのは、あなたの心の中に「もし話がウケなかったらどうしよう」という怯えがあるから。怖がらず、勇気を持って本題から始めましょう。前置きなどない方が会話はスムーズに流れます。

前置きは勇気を持って排除する

「どうでもいい話なんだけど」

よくそんなひと言目を言ってから話し出す人がいます。

本人は会話のハードルを下げようと思っているのかも知れませんが、実はコレ、逆効果なのです。相手はその前置きを聞いただけで「だったら話さなくてもいいよ」と聞く気をなくしてしまいます。

逆に、「すごく面白い話があって」と言うのもオススメできません。

こちらは、相手の期待値を上げすぎてしまうからです。

会話は、ハードルを上げても下げてもうまくいかないものです。

では、なぜ人は「どうでもいい話なんだけど」とか、「たいしたネタじゃないんだけど」といったハードルを下げる言葉をついひと言目に使ってしまうのでしょう。

実はこれ、「勇気」が足りていないのです。

たとえば、みんなで順番に話して、そこそこ場の雰囲気が盛り上がっているとき、自分に順番が回ってきたらドキドキしますよね。

ウケなかったらどうしよう……。

つまらない話だと思われたらどうしよう……。

そんな心の底にある「恐怖」が前置きを言わせてしまうのです。

でも、覚えておいてください。大人の会話に前置きはいりません。

「えーっと、あまり面白い話ではないのですが……」

そう言うことで本人は少し気が楽になりますが、その分だけ周りの人のテンションは下がってしまいます。

聞く気が萎えた相手は、「面倒くさいなあ、そんなこと言っている間に、その面白くない話というやつをとっとと始めて、さっさと切り上げてくれよ」と思ってしまいます。

学生時代は、「面白い話」を求められたかも知れませんが、大人の会話はオチよりネタよりスムーズに流れることが大切です。

前置きせず、勇気を持って本題から始めましょう。

それだけで大丈夫、いえ、その方がきっとうまくいきますよ。

話題が逸れたと思ったら「それはさておき」で軌道修正

文章なら「閑話休題」。会話では「それはさておき」。

意識が逸れる逸れる

脱線した話を軌道修正するひと言

POINT

自分が脱線させてしまった話は、できるだけ自分で軌道修正したいもの。そのときに使えるひと言目が「それはさておき」です。他人が脱線させた後に使うと失礼にあたりますが、自分の脱線話はこれで軌道修正できます。相手の話を軌道修正したいときは「先ほどの○○の話ですが」、話題を変えたいときは「○○と言えば」。こうしたひと言を使うことで、嫌な印象を与えずスムーズに移行できます。

「それはさておき」が使えるのは自分の話が脱線したとき

いけない、話が脱線してしまった。

話している間についつい話題が横道に逸れていくというのはよくあること。ただの雑談ならそのままでもいいのですが、ビジネスの場などきちんと伝えなければいけないことがある場合は、話を本題に戻す必要があります。

そんな話を戻したいときに使えるひと言目が「それはさておき」です。

ひとしきり脱線話が盛り上がったところで、一息おいて「それはさておき、先ほどの納期のお話ですが……」と言えば、自然な流れで軌道修正ができます。

ただし、「それはさておき」が使えるのは、自分の話が脱線したときだけ。

相手の話が脱線したときに、本題に戻そうと思って「それはさておき」と言うのはアウトです。

せっかく脱線話で盛り上がった空気が一気に冷え込むことになりかねないので、くれぐれも注意しましょう。

相手の脱線を軌道修正したいときは、ある程度その話題が落ち着くのを見計らってから、「なるほど、そうなんですね」と一度その話題をきちんと受け取ること。

その後で、「すみません、先ほどの納期の話なのですが、ちょっと確認したいことがあって……」というように、自分の意思を伝える形で話題を戻すといいでしょう。

文章などでは、話題を変えるときに「閑話休題」という言葉がよく使われます。これは勘違いしている人も多いのですが、ここで無駄話をしますよという意味ではありません。話を本筋に戻しますよ、という意味なのでお間違えなく。

会話では「それはさておき」、文章では「閑話休題」、どちらも自分の話が本筋から逸れてしまったときに軌道修正するための言葉です。

脱線を戻すのではなく、話題を変えたいときには、これらは使いません。

話題を変えたいとき、「話は全然変わるのですが」という人がいますが、大人の会話では、流れを断ち切る感じがしてしまうので、若干アウトに思えます。

そういうときは、先にご紹介した「○○と言えば」を使いましょう。

話を断ち切ることなく、うまくつながりを見つけて、スムーズに話題を転換していくのが大人の会話です。

⇩「大事な話」は人を不安にさせる

「大事な話があるのですが」

そんなふうに言われたら誰でもドキッとしますよね。

大事な話と言うだけでは、それがいい話なのか、悪い話なのかわからないからです。

上司に言われたら、「あれ、何か仕事でやらかしちゃったかな」「もしかしたら左遷かな」「まさかリストラ……」

不安と想像で、わずかな時間でガックリ疲れてしまうでしょう。

部下に言われても、「何か失敗したのかな」とか、「辞めたいとか言い出すんじゃないだろうな」などなど、やはり不安になります。

本題に入る前のひと言目に「大事な」「厄介な」「面倒な」といった言葉は避けましょう。相手に不安や先入観を与えてしまいます。

わたしも学生から「先生、ちょっと大事なお話があるのですが」と言われて、ド

COLUMN

キドキしながら静かな場所に移動したことがありました。

でも、いざ話を聞いてみると、それはよくある履修に関する相談で、思わず「なんだ、履修のことか」と言ってしまったことがあります。

確かに履修は大事な話ではあるのですが、教師であるわたしにとっては、毎年受けるごく普通の相談にすぎないので、ちょっと拍子抜けしてしまったのです。

世の中の大事な話というのは、基本的には「すごくよい話」か「すごく悪い話」のどちらかです。そのどちらなのかわからないという意味で、「大事な話」はひと言目に使うには、相手を不安にさせてしまう、あまりよくない言葉だと言えます。

大人の会話では、相手に不必要な不安を与えないようにする心配りが大切です。

先ほどの学生の例のように、自分にとってはすごく大事な話であっても、相手にとってはそれほど大変ではないということもあり得ます。自分で勝手に判断せず、できるだけさらっと切り出しましょう。

では、相手にちゃんと話を聞いてほしいと思ったときには何と言えばいいのか。

わたしがオススメするひと言目は「ちょっとよろしいですか」です。

さらっとしたひと言なので、相手に不安を与えません。それでいて、話をきちんと聞いてほしいという思いは伝わります。

「ちょっとよろしいですか」と切り出して、話を聞いたら「うん、ちょっとじゃないね」ということもあり得ますが、それでも相手に心理的な負担をかけない、大人らしい気配りの利いたひと言だとわたしは思います。

相手を不安にさせないことも大人の会話のマナーです。

CHAPTER 5

「大人のひと言目」を使いこなす4つの心構え

会話のコツ 1

相手に興味を持っていることを示す

大人の会話では、相手の話に対して興味を持っていることが、相手にちゃんと伝わるようにすることが大切です。

もしも、お見合いの席で、相手に興味を持っていることが伝えられなかったらどうなるでしょう。

お見合いでは、限られた時間の中で、相手に興味や関心を持てるかどうかということがはかられます。そして、初対面のその場で会話がうまくいかなければ、その先はありません。

会話が苦手な人と生活するというのは、実はものすごくきついことなのです。なぜなら、カップルや夫婦というのは、会話が中心となって発展していく関係だからです。会話が生活の質を左右すると言っても過言ではありません。

お見合いの席では、自分のことをわかってもらいたいという気持ちが先に立ちがちですが、まずは相手に対して自分が関心を持っていることを示した方がうまくいきます。

とは言え、根掘り葉掘り相手を質問攻めにするのもよくありません。

ではどうすればいいのでしょう。

オススメなのが、お互いの話ではない、「ホットな話題でつないでいく」という方法です。ここで重要なのが、相手の意識の志向性を探ることです。

人の意識には志向性があります。

これを主張したのは、オーストリアの哲学者フッサールという人ですが、意識というのはそこに何となくあるものではなく、必ず何かについての意識であり、その意識は常に何かに向かっているというものです。

まあ、確かにそう言われてみるとそうで、わたしたちが何か行動するときにはそこに意識を向けています。飲み物を飲むときには飲み物に意識が向いているし、思い出話をしているときは、過去の出来事を頭の中で思い描いています。

「ホットな話題でつないでいく」というのは、こうした「意識の志向性」、つまり、相手の意識が向かっている先を察知しながら、話題を展開していくという技です。

言葉で説明するとちょっと難しそうですが、実際はそれほど難しいことではありません。

たとえば、相手があるタレントさんの話をしたら、「あっ、そう言えばこの前、こういう番組を見たのですが」と、さりげなく同じタレントさんが出た番組の話をする。すると、もしその人がそのタレントさんを好きなら「ああ、わたしも見ました」と、話が盛り上がる、といったことです。

これは、2人の意識が同じ番組に向くことで、「志向性の一致」が生じたわけです。この志向性の一致こそが、話が盛り上がるコツなのです。

ですから、この人は料理が好きなんだなと思ったら料理に関する話を、この人はアウトドアが好きそうだなと思ったらキャンプの話を、というように、相手の志向に合わせた話題を提供して話を広げていけばいいのです。

相手の意識が向かう方向性に気をつけていれば、その人の内部を分析する必要はなくなります。分析などしなくても、会話を通して自然と伝わってくるからです。

自分のことを知ってもらおうとするのも、相手のことを知ろうとするのも、意識の方向は一方通行ですから、2人の意識の向きが一致することはありません。

でも、何か自分たち以外のものに意識を一緒に向けることができると、2人の意識の志向が一致し連帯感が生まれます。

こうして意識の志向性が一致すると、意識が並んでひとつのものを見る形になるので、初対面であっても向き合って会話する緊張感から解放されます。

「あれって、あれだよね」

「これって、これですよね」

そんなナチュラルな会話が楽しめれば、お見合いは成功間違いなし。

ちなみに、このテクニックに長けているのが、タレントのマツコ・デラックスさんです。

あの人は、「それってこうよね」「あの番組って、こうよね」と、会話の中で非常に自然な形で志向性の一致を試みています。

一見すると、単に「こうだ、こうだ」と言い続けているだけに見えるかも知れませんが、実は意識の向き先を適度に変えながら巧みに会話をリードしているのです。

マツコさんの人気の理由は、こうした相手を緊張感から解放してくれる会話術にあるのかも知れません。

会話のコツ 2

意識の流れを感じて楽しむ

意識には志向性の他にもう1つ、「流れ」という特徴があります。

これは、ウィリアム・ジェームズというアメリカの心理学者が提唱した説ですが、彼は「意識の本質は流れである」とまで言っています。

これはどういうことかと言うと、意識は常に動いていて、その動きには流れがある、ということです。

普段の生活では「意識の流れ」などあまり感じないかも知れませんが、会話では顕著に表れます。わたしたちが普段何気なく使っている「会話の流れ」という言葉は、まさに会話しているときの意識の流れと言い換えてもいいものだからです。

会話では、流れを大事にすることがとても大切です。

流れを大事にするということは、「この会話はどこへ流れようとしているのか」会話の流れの向かう先を意識するとともに、流れそのものをせきとめないようにするということです。

中には無意識でこの「意識の流れ」を感じ取り、会話を上手にコントロールできる人もいますが、普通は、意識に流れがあるということを知らないと、思いついたことを流れに関係なく会話に放り込んでしまうので、会話がぶつ切りになってしまいます。

人の話を遮って自分の話をしたり、話題を急に変えたりすると、その度に流れが切れてしまいます。こうしたぶつ切り会話はとても疲れます。

それに、この流れだとこの会話は多分このように進んで、最後はここが着地点だなと思っていたのに、それをぶった切るようなことをされると、とても嫌な感じがします。

ですからこれまで「会話の流れ」や「意識の流れ」というものを意識してこなかった人は、これからはぜひ、会話の流れの底に意識の流れというものがあるのだということを感じながら会話を進めていただきたいと思います。

意識の流れを感じるコツは、相手はこの会話で何を目指しているのか、というところを探ることです。

たとえば、相手がキャンプの話をしていたとしましょう。

そのとき、相手はこの会話で自然と触れあうことの素晴らしさを伝えたいと思っているのか、それとも一緒にキャンプに行きませんかと誘おうとしているのか、あるいは、自然環境の破壊を問題だと思っているのか……。

相手の会話の着地点はどこなのか、ということを少し意識してみるのです。

ただし、意識の流れは途中で変化していくので、「これだ」と思っても、そこに固執せず、流れの変化を楽しむことも大切です。

誰かと一緒に意識の流れに乗るのは、とても楽しい経験です。

カップルで映画を見たり、一緒にテレビを見たりするのは、とても楽しいことですよね。実はこれは、単に番組や映画を楽しんでいるのではなく、2人で同じ意識の流れに乗っていることで、楽しみが増幅しているのです。

これは、スポーツのパブリック観戦などにもあてはまります。

たとえばサッカーのパブリック観戦では、シュートが外れた瞬間に、もう観客全員が頭を抱え、シュートが決まった瞬間には全員が立ち上がって歓声を上げます。こうした興奮は、世界中のパブリック観戦で見られます。

スタジアムでもないのにあれほど興奮するのは、多くの人の意識がひとつの画面に同時に流れ込むことによって、意識の流れの勢いが増幅されるからなのです。

会話のコツ❸

添いつつずらす

あの人との会話は楽しかった。

後からそう思う会話というのは、時間を忘れるほど長く続いた会話ではないでしょうか。

会話がつながる、会話の間が持つということは、会話を楽しむ上でとても大事な要件です。途切れがちな会話では、相手につまらない印象を与えてしまいます。

では、どうすれば会話を長く続けていくことができるのでしょう。

ポイントは、相手の言っていることに添いつつ、うまく話題をずらしていくことです。

添いつつずらす、この力をわたしは「会話の展開力」と呼んでいます。

大人のコミュニケーションでは、これはとても大切な能力です。

ちょっとした知人だったのが、何度か会話するうちに友達感覚が生まれて、親密な関係に発展するということがよくあります。会話を楽しめれば、最終的に相手との間に温かい空気が流れ、信頼関係が生まれます。

わたしは仕事柄、いろいろな方と打ち合わせをよくします。テレビ番組の打ち合わせでは、美輪明宏さんや野村萬斎さんなど忙しい方と限られた時間で打ち合わせをしなければならないというケースもあります。

そういうケースでは、相手からぽろっと出たひと言を、「それはいいですね」と100％肯定して受け、すかさず「それならばこれもありますよね」というような感じで受け取ったものを少し広げて提案してみる、ということをよくします。

「それならこれもありますかね」といった感じで広げながら問いかけると、ほんの1時間でも、いろいろなアイデアが出て、建設的な打ち合わせをすることができます。

大人の会話では、自分の意見をどう言うかということも大事ですが、その場を展開させて、より有意義なものにしていく「会話の展開力」が大切です。

なかなか友人ができない。

クライアントの信頼が得られない。

いつも会話が盛り上がらない。

そのときは盛り上がったと思ったのに、関係が発展しない。

そうした経験の多い人は、「添いつつずらす」ことを意識した会話をするようにしてみてください。

展開力のない人というのは、自分では盛り上がった話をしているつもりでも、実は自分勝手な話ばかりしている傾向があります。もし、会話を振り返って、自分ばかり話していたなと思ったら、その危険性大。

展開力がある人の会話は、相手も会話を楽しむので、発言の割合もほぼ同じになるからです。

会話のコツ 4

忖度力を身につける

いい飲み会には、必ず誰か上手に盛り上げてくれる人がいるものです。

周りの空気を読んで場を盛り上げたり、暇そうな人同士をつなげたり、空いているお皿を下げたり、飲み物を注文したり。それも言われてからやるのではなく、みんなの気持ちを察してやってくれる。

よく言う「気働きが利く」タイプの人ですが、このように他人の気持ちを推し量ることを「忖度《そんたく》」と言います。

最近、あまりいい印象を伴わなくなってしまった言葉ですが、もともとは相手の気持ちを推し量るという、日本人らしい思いやりを意味する言葉です。

そんな言葉の本義に戻れば、「忖度力」は、ないよりあった方がいいですし、忖度力がある人とは会話も弾みます。

相手はこの会話をどのような着地点に持っていきたいのか、それには何が障害なのか、自分はどこまでなら譲れるのか、ビジネスの場ではそうした忖度力があるかどうかで、物事の進み方が全然違ったものになります。

会話の忖度力は、フェイス・ツー・フェイスの会話だけではありません。メールやSNSなどでも発揮されます。

もういい加減終わりにしてほしいのに、相手から疑問系のコメントが来てLINEの会話がやめるにやめられない。

前のメールにちゃんと書いておいたのに、同じことをまたメールで問い合わせてきた。

何度もやんわりと都合が悪いと言っているのに、会いたくないと思っていることがわかってもらえない。

などなど、空気の読めない会話はメールやSNSでも多く生じるからです。

宴会なら他人の忖度力に乗っかって楽をしてもいいかも知れませんが、会話となるとそういうわけにもいきません。相手がこちらの気持ちを察してくれたら、こちらも相手の気持ちを推し量る。お互いに思いやりを持つのが大人の会話のマナーです。

⇩言葉の癖は思考の癖

お気楽にしゃべっているように見えるかも知れませんが、テレビ番組でコメントしているときのわたしは、かなり気を使いながら話しています。

わたしだけではありません。他のタレントさんやコメンテーターさんなど、テレビで自分の意見を言う機会の多い人は、みなさんかなり話す内容に気をつけています。何しろ昨今は、ちょっとしたひと言が大炎上につながるご時世ですから。

でも、視聴者に好印象を持たれるかどうかは、実は、話の内容ではなく、その人の醸し出す雰囲気で決まるとも言われています。

たとえば、同じ内容でもゆっくり穏やかに話すのと、まくし立てるように早口で言うのとでは印象が大きく違ってきます。同じように、声のトーンや滑舌、話すときの姿勢、目線や笑顔の有無などといった表情でも雰囲気はかなり違ってきます。

わたしたちは、こうした言葉以外のものが生み出す雰囲気から、あの人はとげと

COLUMN

げしいとか、誠実そうだ、といった印象を持つわけです。

確かに言葉以外の要因はとても大きいのですが、大人の会話で印象のよし悪しを決定的に左右するのは、やはり言葉です。それも「返しのひと言目」だとわたしは思っています。

返しのひと言目にどんな言葉を使うか。

ここの言葉選びを間違えてしまうと、内容的には問題がなくても、何かつっかかっているなとか、とげとげしいなとか、この人は自己顕示欲が強いな、といった悪印象につながるので注意が必要です。

なぜ返しのひと言目がそれほど印象を左右するのかというと、言葉選びの癖が、その人の「思考の癖」だということを、わたしたちが無意識のうちに感じ取っているからだと思います。

言葉遣いには、人それぞれ「癖」があります。

中でも返しのひと言には、その人の思考の癖が如実に表れます。

返しのひと言目に「そうは言ってもね……」と言うことが多い人は、ネガティブ思考な人。

い人。

「わたしはね……」と話題をすぐに自分のことにすり替える人は、自己顕示欲の強い人。

特に気をつけたいのが、「でも」とか「だけど」といった否定的な言葉を返しのひと言目で使うのが口癖になっているケースです。

そこそこいいものを見ても「でも、これに比べたら、これはダメじゃん」と、それより上のものを持ってきて、全部を潰しにかかるという癖がついてしまっている人がたまにいますが、これは間違いなく嫌われます。

たとえば、子供のサッカーの試合を見に行ったとき、見事にシュートを決めた子の親御さんに、「素晴らしいシュートでしたね」と褒めたとしましょう。

でも、返しのひと言目で「いえいえ、あんなのメッシのシュートに比べたら全然ダメですよ」と言われたらどうでしょう。

雰囲気が台無しでしょ。

言っている方は目線を常に上に向けているようでちょっと気分がいいのかも知れませんが、聞いている人からすると、見下されているようで、嫌な気持ちになります。

「ええと」とか「あの」といった口癖も、大人の会話では印象を悪くします。

COLUMN

子供なら一生懸命に考えている感じがしてかわいい「ええと」ですが、大人の会話ではいただけません。大人の会話ではテンポが重要だからです。レスポンスが早い、瞬時に気の利いたひと言が出てくる、そういう人は頭の回転が速そうな感じがして好印象につながります。

普段、自分が返しのひと言目にどんな言葉を使っているのかは、なかなか意識しにくいものですが、それを知るいい方法があります。それは、文章を書いてみることです。

口癖の元となっているのは思考の癖です。文章を書くと、その思考の癖が接続詞に表れるのではっきりとわかるのです。

接続詞というのは文章と文章をつなぐ言葉です。「しかし」「したがって」「そして」などいろいろな接続詞がありますが、自分の書いた文章を読み直すと、同じような接続詞を何度も使っていることに気づくでしょう。

それがあなたの思考の癖です。

「でも」「しかし」「とは言え」「けれど」など逆接の接続詞を多く使っている人は、会話でも「でも」を多用している危険性があります。

子供っぽい言葉遣いも文章になると一目瞭然です。ネガティブな言葉、幼稚なひと言、そうしたものが口癖になっていないか、まずは文章を書いてチェックしてみてください。

【著者紹介】
齋藤　孝（さいとう　たかし）
1960年静岡県生まれ。明治大学文学部教授。東京大学法学部卒業。同大学大学院教育学研究科博士課程を経て現職。『身体感覚を取り戻す』（NHK出版）で新潮学芸賞受賞。『声に出して読みたい日本語』（毎日出版文化賞特別賞、2002年新語・流行語大賞ベスト10、草思社）がシリーズ260万部のベストセラーになり日本語ブームをつくった。著書に『読書力』『コミュニケーション力』（岩波新書）、『理想の国語教科書』（文藝春秋）、『質問力』（筑摩書房）、『日本語の技法』『このひと言で「会話が苦手」がなくなる本』（東洋経済新報社）等多数。TBSテレビ「新・情報7daysニュースキャスター」等テレビ出演多数。NHK Eテレ「にほんごであそぼ」総合指導。

気の利く大人のひと言目

2019年4月3日発行

著　者――齋藤　孝
発行者――駒橋憲一
発行所――東洋経済新報社
〒103-8345　東京都中央区日本橋本石町 1-2-1
電話＝東洋経済コールセンター 03(5605)7021
https://toyokeizai.net/

カバーデザイン……橋爪朋世
本文デザイン……高橋明香（おかっぱ製作所）
編集協力………板垣晴己
写　真…………今　祥雄
カバーイラスト……七月マイ
印　刷…………東港出版印刷
製　本…………積信堂
編集担当………宮崎奈津子／齋藤宏軌

ISBN 978-4-492-04644-9